Nick Arnold

Ein klarer Fall, die Physik!

Aus dem Englischen übersetzt von Salah Naoura

Illustrationen von Tony De Saulles

W0191624

Loewe

Die Deutsche Bibliothek – CIP-Einheitsaufnahme

Ein klarer Fall, die Physik! / Nick Arnold.
Ill. von Tony DeSaulles.
Aus dem Engl. übers. von Salah Naoura.
– 1. Aufl. – Bindlach : Loewe, 1999
(WahnsinnsWissen)
Einheitssacht.: Horrible science – fatal forces <dt.>
ISBN 3-7855-3456-6

Dieses Buch ist auf chlorfrei gebleichtem Papier gedruckt.

ISBN 3-7855-3456-6 – 1. Auflage 1999
Text © Nick Arnold 1997
Illustrationen © Tony De Saulles 1997
Die Originalausgabe ist 1997 in Großbritannien bei Scholastic Ltd unter dem Titel
Horrible Science – Fatal Forces erschienen.
© für die deutsche Ausgabe 1999 Loewe Verlag GmbH, Bindlach
Aus dem Englischen übersetzt von Salah Naoura
Umschlagillustration: Tony De Saulles
Umschlagtypografie: Andreas Henze
Gesamtherstellung: Wiener Verlag, Himberg
Printed in Austria

Inhalt

Nick Arnold begann früh zu schreiben, hätte sich aber nie träumen lassen, einmal ein Buch über Kräfte zu verfassen. Für seine Nachforschungen ließ er sich von Häusern fallen und schlief auf Nägeln – zum Glück wurde der rechte Arm nicht eingegipst, sodass er weiterschreiben konnte. Neben seiner Kraftforschung

unterrichtet Nick Arnold Erwachsene an einer Hochschule. Seine Hobbys: Pizza essen, Fahrrad fahren und sich Witze ausdenken, aber nicht alles gleichzeitig.

Tony De Saulles hat seine Malstifte schon als Kleinkind geliebt und sie seither nicht mehr aus der Hand gelegt. Er nimmt es mit den Wissenschaften sehr genau und hat sogar selbst ausprobiert, was passiert, wenn ein Fallschirm sich nicht öffnet. Zum Glück sprang er bei diesem Test nur vom Dreimeterbrett ins Wasser. Abgesehen vom

Zeichnen schreibt Tony gern Gedichte und spielt Squash – obwohl er noch kein Gedicht über Squash geschrieben hat.

Vorwort

Naturwissenschaften haben einen nervigen Nachteil: Sie können *stink*langweilig sein. Man stellt eine simple Frage und muss sich als Antwort einen faden Vortrag anhören.

Warum fällt mein Ball?

Die herrschende Gravitation zwischen dem kugelförmigen Objekt und der Erde wird durch das Produkt ihrer Massen bestimmt.[*1]

Äh ... Hä??

Manche Antworten enthalten massenweise mathematische Hieroglyphen ...

Aber warum fällt er so schnell?

Ganz logisch – 9,806 Meter pro Sekunde = $g = Gm_2/r^2$ [*2]

Totale Verwirrung!

Und versuch bloß nicht, mit einem Naturwissenschaftler zu diskutieren!

Verstehst du, was ich meine? Solche Antworten sind einfach tödlich – oder fast. Jedenfalls sterbenslangweilig.

* Deutsche Übersetzung:
1 Die Schwerkraft (oder Gravitation) zieht alle Dinge zur Erde hin. Durch dieselbe Kraft wird ein kleiner Gegenstand von einem sehr viel größeren angezogen.
2 Die Geschwindigkeit, mit der der Ball fällt, hängt davon ab, wie stark die Schwerkraft wirkt – die Stärke der Schwerkraft wiederum errechnet sich aus der Größe der Erde und deiner Entfernung zum Erdmittelpunkt.
3 Du stellst zu viele Fragen. Wenn ich möglichst viele schwierige Fremdwörter benutze, hörst du hoffentlich damit auf!

Was sind das eigentlich für Gesetze? Und was passiert, wenn du sie brichst? Fliegst du von der Schule? Oder bekommst du etwa eine wirklich *furchtbare* Strafe aufgebrummt? Zum Beispiel Nachhilfeunterricht in Physik bei deinem Lieblingslehrer mit einem Haufen Extrahausaufgaben? Und wer sorgt überhaupt dafür, dass solche geheimnisvollen Gesetze in Kraft treten? Die Lehrer? Der Schuldirektor? Oder seine Sekretärin? Nein.

Durch wessen
Kraft falle
ich denn nun?

Ganz einfach: Durch die Kraft der *Kraft*. Denn die *Kraft* zwingt Dinge, sich zu bewegen. Und eine Kraft kann alles Mögliche sein: du selbst, wenn du eine Erbse wegschnippst, bis hin zu der Furcht einflößenden Anziehungskraft eines gigantischen Sterns. Wenn sich zum Beispiel dein Physiklehrer in der Tür zum Klassenzimmer die Finger klemmt und ihm das ziemlich weh tut, dann liegt das nicht daran, dass irgendjemand die Tür ein wenig zu schnell geschlossen hat, sondern die Kraft ist daran schuld, beziehungsweise die sogenannte *Hebelwirkung*. Die Konsequenzen solcher Kräfte sind dementsprechend unterschiedlich: eine intergalaktische Explosion oder ein Lehrer mit einer geschwollenen Hand (was allerdings ebenfalls eine Explosion auslösen kann).

Kräfte können fatale Folgen haben. Wie fatal, willst du wissen? Nun ja, sie können zum Beispiel Menschen zerquetschen wie Ameisen oder sie krank machen oder ihnen die Köpfe abreißen. (Wenn du die Kräfte im Unterricht mal durcheinander bringst, hat das meistens nicht so fatale Folgen – nur kräftiges Genörgel von Lehrern, denen so langsam die Kräfte schwinden …)

7

Hier kannst du alles darüber lesen, wie Kräfte unser Leben bestimmen. Über physikalische Verhängnisse, schreckliche
Schicksale und fatale Folgen. Und alles ist wahr! Vielleicht
üben Kräfte ja auch auf dich eine unwiderstehliche Anziehungskraft aus? Um es rauszufinden, musst du bloß die Kraft
aufbringen weiterzulesen – am besten sofort …

Isaac  Newton

Der Angeklagte war krank. In seinem Fieberwahn hielt er die Kerzen im Gerichtssaal für flackernde Geisterwesen. Wieder und wieder vernahm er den Urteilsspruch der Richter: „Zum Tode!" Dann verlor er das Bewusstsein.

Er erwachte in völliger Dunkelheit, richtete sich mühsam auf und versuchte die pechschwarze Zelle, in der er sich befand, zu erkunden. Seine Füße rutschten über den glitschigen Boden. Er verlor das Gleichgewicht und schlug der Länge nach hin. Seine Hände griffen plötzlich ins Leere – er befand sich am Rande einer tiefen Grube! Ein Schritt weiter, und er wäre unweigerlich in die Tiefe gestürzt. Erschöpft schlief er ein. Als er wieder erwachte, lag er auf dem Rücken, an eine niedrige Bank gefesselt. Hilflos sah er nach oben – und erstarrte vor Entsetzen.

Über ihm erhob sich eine gewaltige, unheimliche Statue, die ein riesiges Pendel in den Händen hielt. Mit Furcht erregendem Zischen schwang es langsam hin und her; an seinem Ende befand sich eine rasiermesserscharfe Klinge, die bei jedem Schwung ein bisschen näher kam. Ein bisschen tiefer. Fsss … fsss … FSSSSS! Aus den finsteren Ecken starrten Horden von Ratten zu der Bank herüber, die hungrig darauf warteten, über den zerfetzten Leib des Gefangenen herzufallen. Schon streifte die tödliche Klinge seinen entblößten Brustkorb …

KEINE PANIK! Dies ist bloß eine erfundene Geschichte – sie heißt *Grube und Pendel*, und geschrieben hat sie der amerikanische Schriftsteller Edgar Allan Poe im Jahre 1843. Aber für einen Naturwissenschaftler ist Poes Geschichte physikalisch faszinierend, denn bei den beschriebenen scheußlichen Todesarten sind *Kräfte* am Wirken! Das Pendel schwingt durch Schwerkraft und Zentripetalkraft (siehe Seite 106 – das ist die Kraft, die der Stiel auf das Pendel ausübt und die das unten schwingende Gewicht daran hindert, sich vom Rest der Maschine wegzubewegen). Beide Kräfte wären für den Gefangenen tödlich.

WARNUNG VOR GEFAHREN!

Kräfte sind nicht beeinflussbar. Es sind physikalische Naturgesetze, die tödlich sein können.
Kräfte sind gnadenlose Killer! Wer versucht, sich
mit ihnen anzulegen, der ist ratz-fatz ERLEDIGT!

PS:

Ach, übrigens – vielleicht freut es dich zu hören, dass der Gefangene in der Geschichte es doch noch schafft, sich zu befrei-
en. Und wie? Indem er die Ratten dazu bringt, seine Fesseln
durchzunagen, natürlich! Darauf wärst du bestimmt nicht gekommen, was?

Erstaunlicherweise waren zu Edgar Allan Poes Zeiten diese
tödlichen Kräfte bereits nach besten Kräften beschrieben worden – nämlich durch einen kräftigen Denker, den physikalischen
Megastar, den schier unglaublichen … Sir Isaac NEWTON!

Topstars der Physik:
Sir Isaac Newton (1643–1727), Engländer

Isaac Newton wurde Heiligabend geboren. Der Arzt war der
Meinung, der kleine Isaac würde nicht lange leben, weil er so
klein und schwächlich wirkte.

Aber Isaac überlebte. Er begann, sich früh für Naturwissenschaften zu interessieren, aber seine Lehrer hielten ihn nicht gerade für eine Leuchte. Er experimentierte nämlich lieber zu Hause herum, als fleißig zu lernen. (Nimm das lieber nicht als Ausrede.) Als er 16 war, wollte seine Mutter, dass er den Bauernhof der Familie übernahm. Doch als Landwirt war Isaac ein hoffnungsloser Fall. Er hatte nur seine Experimente im Kopf und ließ die Schafe in den Kornfeldern weiden.

Also ging Isaac lieber auf die Universität von Cambridge. Dort las er alle Mathebücher, die er finden konnte (sogar die ohne Bilder!). Er trug schlampige Klamotten und war oft so in Gedanken, dass er das Abendessen vergaß. Abendessen – das war etwas für Schwächlinge, fand er. Wozu musste man essen, wenn man stattdessen wunderbare mathematische Berechnungen anstellen konnte?

Im Jahre 1665 wurde London von einer tödlichen Seuche heimgesucht. Schon nach kurzer Zeit gab es mehr als 7000 Todesopfer pro Woche, und die Universität in Cambridge musste wegen Ansteckungsgefahr vorübergehend geschlossen werden. Isaac konnte also nach Hause gehen. Aber statt seine Ferien zu genießen, machte er Hausaufgaben! Sehr merkwürdig. Und was für Hausaufgaben das waren! Er erfand die Differenzialrechnung, ein mathematisches System, das bis heute benutzt wird, um Raketenflugbahnen zu berechnen. Außerdem entdeckte er, dass weißes Licht Farben enthält.

Diese grundlegenden Erkenntnisse wirken sich bis heute auf unsere Mathematik und Physik aus – aber Isaac landete noch einen viel genialeren Treffer. Ihm gelang ein wirklich unglaublicher Durchbruch …

Der Apfel und der Mond
Woolsthorpe in England, 1666
Es wurde bereits dunkel, aber der hagere junge Mann fuhr sich mit den Fingern durch sein schulterlanges Haar und las weiter. Isaac Newton saß im Obstgarten und grübelte darüber nach, wie der Mond sich um die Erde bewegte. Da rief ihn plötzlich jemand – die Stimme kam von dem alten Gehöft, seinem Elternhaus:

„Hmmm", dachte Isaac. „Sie ruft mich immer eine halbe Stunde früher rein – das ist bloß ein Trick, damit ich pünktlich komme …"

Also blieb er sitzen. Wenn er den Obstgarten verlassen hätte, als seine Mutter ihn rief, wäre die Geschichte der Physik ganz anders verlaufen. Aber genau in diesem Augenblick erregte etwas seine Aufmerksamkeit.

Bis genau zu jenem Moment hatte dieses Etwas gewartet, still und unauffällig, monatelang. Zuerst war es nicht mehr als ein kleiner grüner Knubbel gewesen. Aber nun hatte es die Größe einer Männerfaust und war leuchtend rot. Ein lebendiger Ball aus Wasser, Zucker und süßem, saftigem Fruchtfleisch mit bitteren Kernen darin, umhüllt von einer wächsernen Haut. Es war ein Apfel. Der berühmteste Apfel der Wissenschaft!

„Isaac! Das Essen steht auf dem Tisch – dein Lieblingsgericht!"

„Ich komme, Mutter!"

Ein kalter Windstoß fuhr raschelnd durch die Bäume. Isaac erschauerte. Er seufzte und klappte widerwillig sein Buch zu. Ein leises Knacken war zu hören. Der dünne Zweig, an dem der Apfel hing, gab nach. Wie von einer unsichtbaren Kraft gezogen, sauste der Apfel nach unten. Raschelnd fiel er durchs Geäst und prallte mit einem sanften Plopp an Isaacs bemerkenswerter Birne ab.

14

Was hättest du in dieser Situation wohl getan? Wahrscheinlich hättest du den Apfel nicht weiter beachtet und wärst ins Haus gegangen, um dein Abendbrot zu essen. Aber Isaac war anders. Er rieb sich den Kopf und sah hinauf zum Mond, der wie eine große, leuchtende Silbermünze am nächtlichen Himmel stand.

„Warum fällt der Mond nicht auch herunter?", fragte er sich, während er geistesabwesend in den berühmten Apfel biss.

Isaac musste plötzlich an seine Schulzeit denken – an das gefürchtete „Eimerspiel". Er hasste dieses Spiel, denn die anderen Kinder hatten ihn immer dazu gezwungen. Dabei musste man einen Eimer voll Wasser an einem Seil über dem Kopf schwingen. Weil Isaac so klein und dünn gewesen war, hatte er es kaum geschafft. Aber das Erstaunliche an diesem Spiel war, dass das Wasser wie von einer unsichtbaren Kraft gehalten in dem Eimer blieb und nicht herausschwappte.

„Vielleicht ist das die Kraft, die den Mond am Himmel hält", murmelte Isaac vor sich hin.

Da rief seine Mutter wieder: „Isaaaaac! Dein Essen steht auf dem Tisch! Es wird kalt!"

„Ja doch, ich komme, Mutter!"

Isaac warf den Apfel weg und überlegte, was wohl passieren müsste, damit er ihn bis zum Mond hinaufwerfen könnte. Der berühmteste Apfel der Wissenschaft verschwand im Dunkel der Nacht. Als er in einiger Entfernung landete, war das Maunzen einer Katze zu hören.

Isaac hatte sein Abendessen völlig vergessen. Er errechnete, wie stark die Erdanziehungskraft sein musste, um den Apfel daran zu hindern, ins Weltall zu fliegen. Dann dachte er darüber nach, mit welcher Geschwindigkeit sich der Mond bewegen musste, um nicht von der Erde angezogen zu werden, das heißt herunterzufallen.

Nach einiger Zeit spähte eine sehr wütende Mrs Newton durch die Haustür in die kalte Nacht hinaus.

„Isaac!", schrie sie. „Dein Abendessen hat die Katze gefressen! Und dein Frühstück kriegen die Schweine!"

Vom Obstgarten war keine Antwort zu hören – Isaac saß noch immer dort und grübelte …

Teste deinen Lehrer

Wie viel weiß dein Lehrer wirklich über den berühmten Wissenschaftler Newton?

1 Was war Newtons Lieblingsspielzeug, als er noch ein Kind war?
a) Ein Chemiebaukasten.
b) Eine Spielzeugwindmühle, die von einer Maus in einem Laufrad angetrieben wurde.
c) Er hasste Spielzeug und löste lieber komplizierte Matheaufgaben.

2 Was schaffte sich Newton am ersten Tag seines Studiums an?
a) Ein Schreibpult, Tinte und ein Heft für seine Hausaufgaben.
b) Neue Klamotten und eine Eintrittskarte für den Jahrmarkt von Cambridge.
c) Einen Laib Brot.

3 Wie löste Newton knifflige wissenschaftliche Probleme?
a) Er hatte plötzliche Eingebungen, wenn er auf der Toilette saß.
b) Er diskutierte mit befreundeten Wissenschaftlern.
c) Er dachte Tag und Nacht über das Problem nach, so lange, bis er die Lösung fand.

4 Newton brachte es an der Uni von Cambridge bis zum Professor der Mathematik, aber niemand besuchte seine stinklangweiligen Vorlesungen. Was tat Newton?

a) Er bestellte die Studenten und zwang sie zuzuhören.

b) Er hielt seine Vorträge vor leeren Sitzreihen.

c) Er versuchte, die Vorlesungen durch nette Geschichten und Witze aufzulockern.

5 Newtons Hund warf eine Kerze um. Die Folge: 20 Jahre Arbeit gingen in Flammen auf. Was tat Newton?

a) Er zog sein Schwert und tötete den Hund.

b) Er schrieb alles aus dem Gedächtnis noch einmal auf.

c) Er vergaß seine alten Arbeiten und widmete sich neuen Experimenten.

Lösung: 1b) Er hat sie selbst entworfen. *2a), 3c), 4b)* Hat dein Lehrer dasselbe Problem? *5b).*

Wie hat dein Lehrer abgeschnitten?

1–2 Er hat einfach nur geraten.

3–4 Dein Lehrer weiß ein bisschen Bescheid, aber er weiß nicht alles. (Wie ein Haufen anderer Lehrer.)

5 Mist, dein Lehrer hat das Buch vor dir gelesen!

Newtons weltumwälzender Wälzer

20 Jahre lang veröffentlichte Newton seine Erkenntnisse nicht, er war einfach zu beschäftigt mit seinen mathematischen Problemen. Aber schließlich bekam er Angst, dass Konkurrenten seinen Ruhm einheimsen könnten, also schloss er sich 18 Monate lang ein und arbeitete 20 Stunden am Tag.

Von Zeit zu Zeit erinnerte ihn sein Assistent daran, dass er sein Abendessen vergaß.

„Tatsächlich?", murmelte Newton dann müde, knabberte kurz an seiner Mahlzeit und arbeitete weiter.

Newtons Buch trug den Titel *Philosophiae naturalis principia mathematica* und war das bislang beste naturwissenschaftliche Werk. Es erklärte das gesamte Universum, sodass es wirklich begreifbar wurde. (Oder besser gesagt: Man hätte alles leicht begriffen, wenn das Buch nicht in Latein geschrieben und voll von mysteriösen mathematischen Formeln gewesen wäre.) Newton stellte drei grundlegende Gesetze über die Kräfte und über die Bewegungen von „Gegenständen" auf (statt „Gegenstände" sagen Wissenschaftler meist „Körper"). Diese Gesetze erläutern beispielsweise, wie Tintenfische Wasser nach hinten ausstoßen, um sich vorwärts zu bewegen. Sie erklären, was geschieht, wenn Sterne explodieren, und warum tief fliegender Spatzendreck auf deinen Kopf platscht, wenn er dich trifft.

Es gibt eine einfache Methode, sich Newtons Gesetze vorzustellen: Denk einfach mal an einen wirklich scheußlichen Morgen, an dem echt alles danebengeht ... Wie bitte? Was soll das heißen – das ist bei dir immer so?

Newtons erstes Gesetz

Ein Körper im Ruhezustand bewegt sich nur durch Einwirken von Kraft. Er bewegt sich mit immer gleicher Geschwindigkeit geradlinig weiter, solange eine andere Kraft ihn nicht vom Kurs abbringt.

Was das Gesetz bedeutet:

Du starrst müde auf deinen Teller. Deine Cornflakes verharren im Ruhezustand, das heißt: Sie bewegen sich nicht und werden es auch nicht tun, solange du nicht die Kraft aufbringst, sie zu essen. Aus Versehen haust du auf den Löffel und katapultierst einen Teil deines Frühstücks in die Luft. Ein oder zwei Cornflakes fallen deinem Vater auf den Kopf. Sie wären mit derselben Geschwindigkeit immer weiter nach oben geflogen, wenn die Schwerkraft (die Anziehungskraft der Erde) sie nicht nach unten ziehen würde.

Die Cornflakes würden geradlinig weiter nach oben fliegen, wenn die Schwerkraft nicht wäre (und die Decke).

Die Kraft der Hand wirkt nach unten und katapultiert die Cornflakes nach oben.

Huch! Au weia!

Newtons zweites Gesetz

> Wenn eine Kraft auf einen Körper einwirkt,
> ändert er seinen Impuls, und zwar in dieselbe
> Richtung, in die die Kraft wirkt. Die Beschleu-
> nigung des Körpers verhält sich dabei
> proportional zur einwirkenden Kraft.

Was das Gesetz bedeutet:

Man kann einen Fußball mit einem gezielten Schuss ins Tor be-
fördern. Die Fluggeschwindigkeit des Balles hängt natürlich
davon ab, mit wie viel Kraft man schießt.

Newtons drittes Gesetz

> Wenn ein Körper auf einen zweiten eine
> Kraft ausübt, wirkt dieselbe Kraft auch in
> entgegengesetzter Richtung, das heißt vom
> zweiten Körper auf den ersten.

Was das Gesetz bedeutet:

Du bist mal wieder zu spät, rennst im Halbschlaf zur Schule und knallst ungeschickterweise gegen einen Laternenpfahl. Der Laternenpfahl schlägt tatsächlich mit derselben Kraft zurück! Kein Witz – das ist wirklich wahr!

Schon gewusst?

Als Newtons Apfel auf die Erde fiel, stieß der Erdboden mit gleicher Kraft gegen den Apfel – das besagt Newtons drittes Gesetz. Allerdings war die Bewegung des Erdbodens sehr minimal und deswegen nicht wahrnehmbar. Newton zu Ehren benannte man später die Maßeinheit der Kraft nach ihm: Newton (N). Und ein N entspricht ungefähr der Gewichtskraft eines Apfels! (Aber nur bei uns auf der Erde!)

Newton, der mürrische Menschenfeind

Newton war nicht nur ein Genie. Er konnte auch ganz schön unausstehlich und merkwürdig sein.

1 Als Newton drei Jahre alt war, heiratete seine Mutter wieder. Isaac hasste seinen Stiefvater und hätte ihn am liebsten umgebracht. Natürlich tat er es nicht, aber er war äußerst erfreut, als der Stiefvater von selber starb.

21

2 Als Schüler hatte Isaac zunächst keine Freunde – bis er dem größten Raufbold der Schule nach besten Kräften eine kraftvolle Abreibung verpasste. Newton war viel kleiner als sein Gegner, aber er besiegte ihn durch seine Geschicklichkeit. Nach dieser Prügelei war Isaac plötzlich sehr beliebt.

3 Newton fand Frauen schrecklich, und er hasste es, dass sein Freund John Locke versuchte, ihn mit irgendwelchen Damen zu verkuppeln. Genervt schrieb er an Locke:

Aber gegen seine Nichte Catherine hatte Newton nichts und erlaubte ihr großzügig, für ihn zu kochen und zu putzen.

4 Newton war kein sehr glücklicher Mensch. Er beschäftigte sich nur mit seiner Arbeit und hatte keine Hobbys. Er lachte nur selten, und über Poesie sagte er:

5 1686 legte sich Newton mit Robert Hooke an, einem berühmten englischen Wissenschaftler, der von 1635–1703 lebte. Hooke beschuldigte Newton ungerechterweise, er habe ihm *seine* Erkenntnisse über die Schwerkraft geklaut. Daraufhin beschimpfte Newton seinen Gegner in einem Brief als „Pfuscher und Ideendieb" und weigerte sich, mit ihm zu sprechen.

6 Nachdem er sein Buch geschrieben hatte, ging es mit Newton erst mal bergab. Er schlief schlecht und war nervös. Zwei Jahre lang konnte er keine Forschungen mehr betreiben. Manche Historiker meinen, dass Newton unter Depressionen litt, andere glauben, dass er sich mit Quecksilber vergiftet hatte – er verwendete es für seine Experimente.

7 Als es ihm wieder besser ging, wurde Newton zum königlichen Münzmeister ernannt und erneuerte das britische Münzsystem. Man sagt, er hätte mit großem Eifer Falschmünzer verfolgt und hinrichten lassen.

8 Der deutsche Philosoph und Mathematiker Gottfried Leibniz (1646–1716) beanspruchte für sich, die Differenzial- und Integralrechnung erfunden zu haben. Newton warf ihm vor, seine Ideen geklaut zu haben. Tatsächlich aber hatte Leibniz seine Erkenntnisse unabhängig von Newton gewonnen, fast zum selben Zeitpunkt. (Und er prägte auch den Ausdruck „Differenzialrechnung" – Newton hatte sein mathematisches System „Fluxionsrechnung" genannt.)

9 Newtons Ende war ziemlich scheußlich. Er zog aufs Land – aus gesundheitlichen Gründen. Aber ein paar Wochen später wurde er schwer krank und starb an einem Blasenstein. Immerhin, er starb im stolzen Alter von 84 Jahren – als mürrischer Greis und wissenschaftliches Genie.

Newton im O-Ton

Wie die meisten Genies war Newton nicht gerade leicht zu verstehen. So sprach er über sich selbst:

Übersetzung: Mit den Riesen waren nicht etwa lange Menschen gemeint, sondern frühere berühmte Wissenschaftler, die ihn inspiriert hatten.

Übersetzung: Newton meinte, dass er genug gelernt hatte, um zu begreifen, wie viele Dinge noch nicht erforscht waren. Und damit hatte er Recht. Er hatte wirklich nur an der Oberfläche gekratzt. Es gibt nämlich noch massenweise faszinierende Fakten über fatale Folgen von Kräften. Mehr darüber im nächsten Kapitel …

Kleines Krafttraining

Kräfte sind *überall*. Man kommt gar nicht um sie herum. Aber hoffentlich begegnest du ihnen nicht nach dem dritten Gesetz von Newton (Wenn du mich haust, hau ich zurück)! Vor Newton wussten die Leute merkwürdigerweise nur sehr wenig darüber, wie Kräfte funktionieren.

Falsche Vorstellungen

Wenn du einen Wissenschaftler fragst, was Kraft ist, wird er dir sagen: Etwas, das die Bewegung oder die Form eines Körpers verändert. Klingt ein bisschen vage. Aber vor Newton waren die Theorien über Kräfte noch sehr viel unklarer. Einer der Ersten, die etwas über Kraft schrieben, war ein genialer griechischer Wissenschaftler namens Aristoteles.

Topstars der Physik: Aristoteles (384–322 v. Chr.), Grieche

Aristoteles war der Sohn eines Arztes. Seine Eltern starben, als er noch ein Kind war. Als Teenager ging er auf wilde Partys und verschleuderte sein Erbe. Aber als er 17 war, passierte etwas Merkwürdiges – es traf ihn wie ein Blitz aus heiterem Himmel: Urplötzlich verspürte er den Wunsch, wieder zur Schule zu gehen!

Huch! Auf einmal krieg ich Lust auf Hausaufgaben!

Aristoteles ging auf die Athener Akademie und wurde ein Schüler des bedeutenden Denkers Platon. Auf der Akademie gefiel es ihm so gut, dass er die nächsten 20 Jahre dort blieb, erst als Schüler, dann als Lehrer.

Nachdem er vier Jahre auf Reisen gewesen war, zog Aristoteles nach Makedonien, wo sein alter Kumpel Philipp zufällig gerade König war. König Philipp stellte ihn als Erzieher seines Sohnes Alexander ein. Offenbar war Aristoteles in seinem neuen Beruf ganz erfolgreich, denn aus dem kleinen Alexander wurde Alexander der Große, der berühmte Feldherr, der später einen großen Teil Asiens eroberte. Als Aristoteles starb, hatte er Schriften zu unzähligen Themen verfasst – von politischen Fragen bis hin zum Zirpen der Heuschrecken. Sogar mit Kräften hatte er sich beschäftigt:

Kraft, die Rätsel schafft
Für die geheimnisvollen Kräfte hatte Aristoteles folgende Erklärung:

27

Alles kompletter Blödsinn! Aber mehr als 2000 Jahre lang hielt man die verrückten Theorien des Aristoteles für RICHTIG! Bis Newton kam und den alten Aristoteles mit mathematischen Berechnungen widerlegte. Inzwischen sind wir den geheimnisvollen Kräften also auf die Schliche gekommen. Ein Wissenschaftler würde vielleicht sagen: „Kapieren, wie Kräfte funktionieren? Das ist so einfach wie Fahrrad fahren!" Ach ja? Fahrrad fahren ist nämlich sehr viel komplizierter! Wir haben eine Forscherin beauftragt, es mal zu versuchen …

Kraftsport in zehn einfachen Lektionen:

DAS KLEINGEDRUCKTE:
Für Unfälle und Krankenhausaufenthalte
wird keine Haftung übernommen!

Lektion 1: Gleichgewicht

Weißt du noch, wie es war, Fahrrad fahren zu lernen? Gar nicht so einfach, was? In den Ohren unserer Forscherin befinden sich mit Flüssigkeit gefüllte Hohlräume, die man Bogengänge nennt. Sie helfen ihr dabei zu balancieren. Während die Flüssigkeit hin und her schwappt, teilen Sensoren dem Gehirn mit, ob die Forscherin ihren Körper gerade hält. Ihr geniales Gehirn registriert auch die Schwerkraft, die Geschwindigkeit, die Steigung und die Windrichtung – ja, alles gleichzeitig!

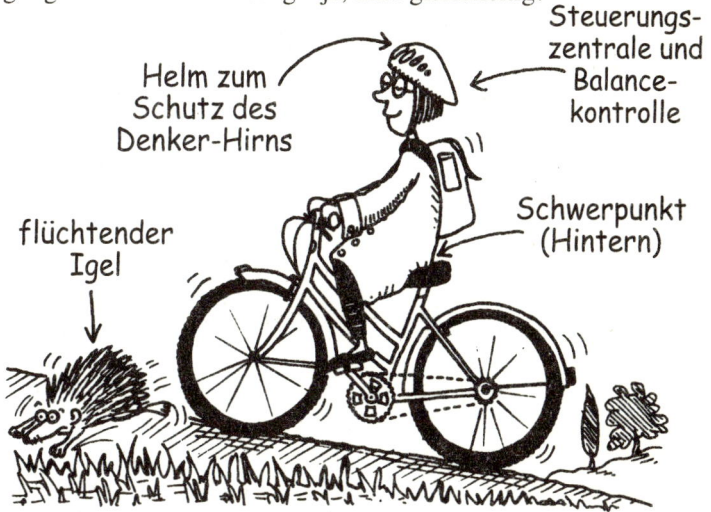

Helm zum Schutz des Denker-Hirns

Steuerungszentrale und Balancekontrolle

flüchtender Igel

Schwerpunkt (Hintern)

Das Balancieren wird beträchtlich erleichtert, wenn das Gepäck der Forscherin nicht auf einer Seite des Lenkers hängt. Im Idealfall ist ihr Hintern der Schwerpunkt – also der Punkt, um den herum die ganze wackelige Angelegenheit durch die Schwerkraft im Gleichgewicht gehalten wird.

Lektion 2: Treten gegen Trägheit

Trägheit bedeutet, dass jeder Gegenstand dazu neigt, seinen jeweiligen Bewegungszustand beizubehalten. Deswegen braucht man beim Losradeln mehr Kraft als beim Weiterfahren. Zuerst muss das Rad aus dem Ruhezustand heraus in Bewegung versetzt werden: Unsere Forscherin strampelt also kräftig los, aber wenn das Rad sich erst einmal bewegt, braucht sie weniger Kraft, um in Bewegung zu bleiben. Auf einer geraden Strecke hilft ihr die Trägheit, relativ mühelos weiterzukommen.

Lektion 3: Massenweise Impuls

Der Impuls ist das Maß für die Fähigkeit unserer Forscherin, in Bewegung zu bleiben. Er hängt von der Masse der Forscherin ab. Hä? Keine Panik, lies einfach weiter … Die Masse der Forscherin ist alles, was zu ihr gehört: ihr Körper, ihre Kleider, sogar das Frühstück, das sie sich morgens einverleibt hat. Durch das Zusammenwirken ihrer Masse, der Masse ihres Fahrrads und ihrer Geschwindigkeit kommt der Impuls zu Stande.

Lektion 4: Kräfte-Kuddelmuddel

Auweia! Sie knallt gegen den schlimmsten Raufbold der Schule, sodass er in die Luft geschleudert wird. Ein Physiker würde
sagen: Der Impuls der Forscherin überträgt sich auf den Raufbold – das liegt an dem Gesetz der Impulserhaltung. Also sollte die Forscherin, um ihre Gesundheit zu erhalten, einen Zahn
zulegen und sich aus dem Staub machen!

Noch mehr auweia: Angenommen, der Raufbold kommt ihr auf
seinem Skateboard entgegen. SIE STOSSEN ZUSAMMEN!
Durch den Zusammenprall heben sich die beiden Impulse ge-
genseitig auf, und beide kommen krachend zum Stehen. Ergebnis = UNFALL!!!

Lektion 5: Vorsicht, Schwerkraft!

Die Geschwindigkeit nimmt zu, wenn es bergab geht. Der
Grund dafür ist, dass unsere Forscherin durch die Schwerkraft
Richtung Erdmittelpunkt gezogen wird. Und der Fuß des Ber-
ges ist näher am Erdmittelpunkt als der Gipfel. Das erklärt
auch, warum die Forscherin ziemlich leicht vom Rad fallen
könnte, falls sie das Gleichgewicht verlöre. Übrigens: Wenn sie
tatsächlich bis zum Erdmittelpunkt fiele, würde die Schwerkraft sie bei ihrer Ankunft zu einem Fleischklops zerquetschen
– uäh!

Kleine Pause? Unsere Forscherin ist jedenfalls erschöpft,
denn ihr geht die kinetische Energie aus – so nennen die Wis-

senschaftler die Energie, die man braucht, um sich zu bewegen. Na gut, sie darf sich ein paar Minuten ausruhen.

Lektion 6: Luft leistet Widerstand

In der Physikersprache bedeutet *Beschleunigung*, dass ein Gegenstand seine Geschwindigkeit oder die Bewegungsrichtung ändert. („Beschleunigen" heißt also nicht unbedingt „schneller werden"!) Wenn unsere Forscherin langsamer fährt, ist das eine „negative Beschleunigung" oder *Verzögerung*. Wenn sie aber einen Hügel hinunterrollt und der Wind ihr entgegenbläst und sie abbremst, dann nennen das die Physiker *Widerstand*. Bei sehr starkem Wind könnte der Luftwiderstand sie vom Rad werfen – eine fatale Folge der Kraft!

Lektion 7: Kraft in der Kurve

Zu schnell in eine Kurve zu fahren kann ebenfalls fatale Folgen haben. In unserem Versuch lehnt sich die radelnde Forscherin in die Kurve – und warum? Weil das Fahrrad weiter geradeaus fahren will. Wenn unsere Versuchsperson versuchen würde, aufrecht sitzen zu bleiben und sich nicht in die Kurve zu lehnen, fiele sie wahrscheinlich vom Rad. Diesen Effekt nennt man *Zentrifugalkraft*. Würde die Forscherin einfach nur den Lenker herumreißen, würde die Zentrifugalkraft des Fahrrades sie in die entgegengesetzte Richtung schleudern.

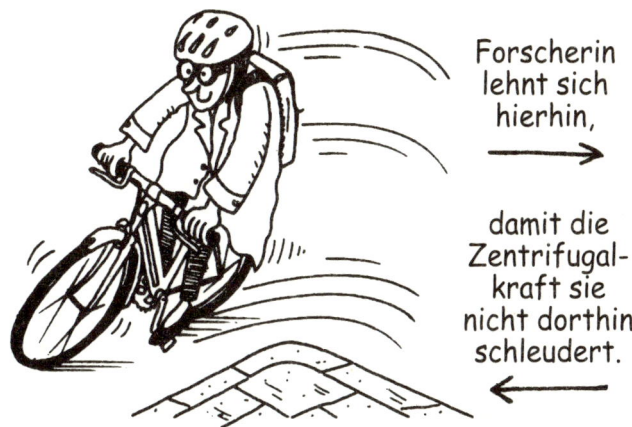

Forscherin lehnt sich hierhin,

→

damit die Zentrifugal-kraft sie nicht dorthin schleudert.

←

Lektion 8: Kraftübertragung

Wenn die Forscherin bergauf radelt, hilft ihr die Gangschaltung ihres Fahrrads. In einem niedrigen Gang drehen sich die Räder langsamer als die Pedalen, und das Treten erfordert nicht mehr so viel Kraft. Wenn sie dagegen einen Berg hinuntersaust, kann sie einen höheren Gang einlegen – die Pedalen drehen sich dann langsamer, und man muss kräftiger treten. Ja, so eine Gangschaltung ist schon was Tolles … Ein Physiker würde sagen: „Eine geniale Methode der Kraftübertragung."

Lektion 9: Bremsende Reibung, reibende Bremsen

Die Kraft der *Reibung* bremst Gegenstände ab, die sich bewegen. Die Fahrradreifen erzeugen diese Kraft, indem sie an der Straßenoberfläche reiben. Durch die Reibung behält die Forscherin die Kontrolle über ihr Rad und vermeidet fatale Unfälle. Würde die Reibung fehlen, wie auf einer spiegelglatten Eisfläche, wäre das Fahrradfahren eine rutschige Angelegenheit.

Beim Bremsen drücken von beiden Seiten Gummiklötze an den Reifen, und durch die entstehende Reibung verringert sich die Geschwindigkeit – das heißt, falls alles glatt geht. Denn wenn die Forscherin zu stark bremst, katapultiert ihr Impuls sie nach vorne. (Das könnte wieder mal fatale Folgen haben …)

Lektion 10: Holterdiepolter
Wenn die Forscherin einen holprigen Weg entlangfährt, spürt sie Erschütterungen, kleine Druckwellen, die die Kraft des Aufpralls der Reifen weiterleiten. Sattel und Reifen sind so konstruiert, dass sie leichtere Stöße abfangen. Trotzdem bewahrt das die Forscherin nicht davor, dass ihr ganzer Körper wackelt, ihre Muskeln vibrieren und ihre Augen hüpfen wie Pingpongbälle …

Freakige Physiker
Wissenschaftler, die sich mit Kräften beschäftigen, nennt man Physiker. Sie erforschen auch Bewegungsabläufe, untersuchen, aus welchem Material die Dinge bestehen, und versuchen, das Geheimnis des Universums zu ergründen. Einen typischen Physiker stellt man sich so vor: Er ist ein mürrischer, eigenbrötlerischer Freak, der gerne vor sich hin wurschtelt. Seine Werkstatt ist voll gestopft mit Schrottteilen, die er gesammelt hat, um irgendeine abgefahrene Maschine daraus zu basteln.

Kraft-Ausdrücke

Wir haben unsere potenzielle Energie maximiert!

Ist das gefährlich?

Lösung: Nur ein bisschen. Es bedeutet, dass die Achterbahn auf dem höchsten Gipfel eine ganze Menge potenzieller Energie hat, mit deren Hilfe sie dann auf der anderen Seite in die Tiefe saust.

Schon gewusst?

Wenn es um Kraft geht, reden die Physiker oft von „Energie" und „Arbeit". Das kennst du ja, aber in diesem Fall ist nicht die Energie gemeint, die du aufbringen musst, um deine Hausaufgaben zu machen oder Geschirr zu spülen. Keineswegs.

Für Physiker bedeutet „Arbeit", dass ein Gegenstand durch Kraft über eine bestimmte Strecke bewegt wird. (Matheaufgaben abzuschreiben wäre demnach Arbeit – aber Matheaufgaben selber im Kopf zu lösen wäre keine!) Und „Energie" ist die Fähigkeit, Arbeit zu verrichten – das klingt immerhin halbwegs logisch, oder?

Puh, über Arbeit und Energie nachzudenken kostet ganz schön viel Energie! Zeit für eine Pause. Leg die Füße hoch, und mach's dir bequem. Noch mal tief Luft holen, denn gleich geht es um Geschwindigkeit und Zusammenstöße. Anschnallen bitte!

Tolles Tempo

Manche Leute finden Geschwindigkeit einfach toll. Andere wiederum nicht. Die ersten Eisenbahnen verbreiteten Angst und Schrecken, weil viele damals glaubten, kein Mensch könne eine Geschwindigkeit von mehr als 32 km/h lebend überstehen. Natürlich kann man das, wie wir heute wissen. Aber eins ist sicher: Je schneller man sich fortbewegt, desto höher ist die Wahrscheinlichkeit, mit gnadenlosen Kräften in Konflikt zu geraten. Und das kann ins Auge gehen – schluck!

Teste deinen Lehrer

Hast du einen pfiffigen Lehrer? Lächle honigsüß, und frage:

Welche Spitzengeschwindigkeit wurde im 19. Jahrhundert auf einem Fahrrad erreicht?

(Achte auf die Formulierung! Diese Lehrerin hier denkt sofort an einen Radfahrer, der in die Pedale tritt – und genau das ist der Trick!) Wahrscheinlich wird dein Lehrer so etwas sagen wie „um die 50 Stundenkilometer" – leider völlig falsch. Dann wirst du antworten: „Ich glaube, Sie irren sich. Im Jahre 1899 brach C. M. Murphy den Rekord. Er band sein Rad nämlich an einem Zug fest und legte in einer Minute 1,6 Kilometer zurück." (Versuch bloß nicht, das nachzumachen!)

Kleines Quiz

1 Superschnell
Versuche, die folgenden drei Gegenstände nach ihrer Schnelligkeit zu ordnen. Beginne mit dem schnellsten.
a) Eine Kugel aus einem Schnellfeuergewehr.
b) Der Planet Merkur, der durch das Weltall rast.
c) Drei Astronauten an Bord der Apollo 10 im Jahre 1969.

2 Mittelmäßig schnell
Und welches dieser drei Dinge hier ist am schnellsten?
a) Die Katapult-Zunge eines Chamäleons, das nach einer Fliege schnappt.
b) Eine Information, die über Nervenbahnen zum Gehirn geleitet wird.
c) Ein Mensch, der von einem 99,4 Meter hohen Gebäude fällt.

3 Schneckentempo
Welches langsame Ding ist am schnellsten?
a) Länger werdende Fingernägel.

b) Wachsende Bambuspflanzen.

c) Der Atlantische Ozean, der langsam größer wird.

Lösung:

1b) Planet Merkur umkreist die Sonne am schnellsten, nämlich mit 172 248 km/h. *c)* Mit 39 897 km/h rasten die drei durchs Weltall. Na, wird dir schlecht? *a)* 3302 km/h. Das ist schneller, als man gucken kann, und schneller als der Schall. Die Kugel kann einen Menschen töten, bevor dieser den Schuss überhaupt gehört hat. Nicht sehr fair.

2b) 483 km/h. *c)* 141 km/h. Diese Geschwindigkeit erreichte der Stuntman Dan Koko, als er 1984 vom World Hotel in Las Vegas sprang. Zum Glück landete er auf einem Luftkissen, nicht auf der Straße. *a)* 80,5 km/h. Da bleibt der Fliege wenig Zeit, die Flucht zu ergreifen.

3b) Drei Zentimeter pro Stunde. Würden deine Fingernägel so schnell wachsen wie Bambus, hättest du ziemliche Probleme. *c)* 0,0006 cm pro Stunde. Durch die Bewegung gigantischer Felsplatten tief unter der Erdoberfläche weitet sich der Atlantische Ozean langsam aus. *a)* 0,00028 cm pro Stunde. Schneller darf es nicht sein, sonst bist du nur noch am Nägelschneiden.

Schon gewusst?

Wenn die Luft, statt an deinem Körper abzuprallen, mehr um dich herumfließen würde, könntest du dich schneller bewegen. Formen, die den Luftwiderstand vermindern, nennt man „stromlinienförmig". Eine Gewehrkugel mit ihrer abgerundeten Spitze ist stromlinienförmig. Und Radsportler mit spitz zulaufenden Helmen sind tatsächlich schneller! Denn: Bei weniger Luftwiderstand nimmt die Beschleunigung zu …

Steckbrief

NAME: Impuls

WICHTIGSTE MERKMALE: Dein Impuls sorgt dafür, dass du dich weiter fortbewegst. (So verletzt du Newtons erstes Gesetz nicht. Das besagt: Alles bewegt sich geradlinig weiter, solange es nicht aufgehalten wird.)

NACHTEILE: Der Impuls verursacht einen umgedrehten Magen, wenn du zum Beispiel mit einer Achterbahn in die Tiefe saust.

AAAAAH!

Er zieht dein halb verdautes Essen nach oben. Das könnte dich in eine unangenehme Situation bringen!

KLAPPER ZITTER

Impuls-Unfälle

1 1871 versuchte der englische Schausteller John Holtum, eine fliegende Kanonenkugel *mit bloßen Händen* zu fangen! Natürlich wurde die Kugel nicht mit einer richtigen Kanone abgefeuert. Holtum benutzte ein Spezialgeschoss mit einer relativ langsam fliegenden Kugel. Trotzdem hätte er dabei fast einen Finger eingebüßt. Die Show-Nummer wurde sehr berühmt, und John übte fleißig, bis er sie perfekt beherrschte.

2 Im 19. Jahrhundert waren die Bahnstrecken in Amerika selten umzäunt, und dumme Büffel trotteten oft über die Gleise. Um das Unfallrisiko zu vermindern, wurden die Lokomotiven ungefähr ab 1860 mit keilförmigen „Kuhfängern" ausgestattet. Der Impuls des Zuges sollte die Büffel einfach von den Schienen schaufeln.

3 In Finnland verursachen Elche schlimme Autounfälle. Wenn ein Elch vor ein Auto läuft, schleudert der Impuls des Wagens ihn hoch. Das riesige Tier landet auf dem Wagendach und drückt dann durch sein Gewicht das Auto samt dem Fahrer platt. (Vielleicht würde ein „Elchfänger" vor der Kühlerhaube helfen?)

Trödelige Trägheit
Physiker benutzen das Wort *Trägheit*, um zu beschreiben, dass Gegenstände gern in dem Zustand bleiben, in dem sie sich gerade befinden. Regungslose Körper bleiben ruhig, Körper in Bewegung bewegen sich weiter, bis sie auf eine andere Kraft treffen. Das ist wieder mal Newton – sein erstes Gesetz.

Erforsche ... die Trägheit von Eiern!
Du brauchst:
– einen Teller
– ein rohes Ei
– ein hart gekochtes Ei

So gehst du vor:

1 Lass das rohe Ei auf dem Teller langsam kreiseln.

2 Halte das Ei an, indem du den Finger obendrauf legst.

3 Heb deinen Finger wieder hoch.

4 Wiederhole die Schritte 1–3 mit einem hart gekochten Ei.
Was stellst du fest?

a) Wenn du deinen Finger hebst, dreht sich das hart gekochte Ei weiter.

b) Wenn du deinen Finger hebst, dreht sich das rohe Ei weiter.

c) Wenn du deinen Finger hebst, dreht sich das rohe Ei, und das hart gekochte schaukelt hin und her.

Huch!

Nicht zu doll
drücken!

Ein Crashtest

Autohersteller geben ein Vermögen dafür aus, neue Autotypen zu entwickeln. Und dann fahren sie die Autos zu Schrott. Das klingt vielleicht verrückt, aber sie müssen die Konstruktion und die verwendeten Materialien des Wagens in einer Unfallsituation überprüfen, um die größtmögliche Sicherheit für Fahrer und Beifahrer zu garantieren. Heutzutage werden viele Crashtests mit dem Computer simuliert. Die Ingenieure sehen sich eine Unfall-Simulation mit verschiedenen Geschwindigkeiten an. Und sie können alle Bewegungsabläufe extrem verlangsamen – jede zweite Millisekunde ein Bild! Das ist sehr viel langsamer als eine Zeitlupe im Fernsehen.

Aber als Nächstes brauchen die Ingenieure echte Crashtests, um ihre Computer-Ergebnisse zu überprüfen. Dann kommen Dummys zum Einsatz, damit man sehen kann, wie sich ein Zusammenstoß auf den menschlichen Körper auswirken würde. Zum Glück sind sie bloß hirnlose Puppen, deswegen heißen sie ja Dummys. Aber ihr Leben ist echt ganz schön aufregend: Ein Knaller nach dem anderen!

Ein Tag im Leben eines Crashtest-Dummys

11.00 Uhr
Die Dummys werden in den Wagen gesetzt. Es ist eine ganze Dummy-Familie, Mutter, Vater, Kinder. Der Testwagen wird an alle möglichen Sensoren angeschlossen. Er steht schon in Fahrtrichtung: Die Strecke endet an einer Betonwand! Und die Dummys im Testwagen sind nicht mal angeschnallt! Schluck!

Guten Unfall, liebe Dummys!

11.02 Uhr

Die Ingenieure gehen hinter Absperrungen in Deckung. Dort sind sie vor der Wucht des Aufpralls geschützt. Es geht los! In Sekundenschnelle wird der Testwagen an Stahlseilen nach vorn gezogen. Mit lautem Krachen prallt er gegen die Wand. Die Dummys schlagen mit den Köpfen durch die Windschutzscheibe. Die Motorhaube ist völlig eingedrückt.

12.00 Uhr

Die Dummys werden aus dem Wrack befreit. Sie sind ein bisschen angeschlagen, aber immer noch fit genug für den nächsten Crash. Dummys halten ganz schön was aus!

13.00 Uhr

Die Ingenieure essen erst mal was. Die Dummys sind nicht besonders hungrig.

43

14.00 Uhr
Jetzt wird Video geguckt! Die Dummys sind nämlich Film-
stars, ohne es zu wissen. Während sie wieder weggerollt
werden, setzen sich die Ingenieure vor die Mattscheibe und
sehen sich alles noch mal in Zeitlupe an.

Newtons erstes Gesetz gilt auch für Dummys! (Das ist das
Gesetz, dass ein Körper sich geradlinig weiterbewegt.)
Wenn das Auto gegen die Wand knallt, zwingt ihre eigene
Trägheit die Dummys dazu, sich weiterzubewegen –

nämlich
geradlinig durch die Windschutzscheibe.
Dadurch überträgt sich die Wucht des Aufpralls auf die armen Dummys. Wer sich im Auto also nicht anschnallt, ist
genauso dumm wie ein Dummy!

17.00 Uhr
Die Ingenieure bereiten den Crashtest für
den nächsten Tag vor. Es soll ein Unfall
werden, bei dem der Wagen sich über-
schlägt – mal wieder ein schwerer
Schlag für die Dummys. So ein Tag im
Leben eines Dummys knallt ganz schön
rein!

Sicherheit an erster Stelle

Das Gute an diesen Crashtests ist, dass die Ingenieure sich ein paar Kniffe und Tricks überlegt haben, um bei einem Autounfall die Wucht des Aufpralls für die Insassen zu reduzieren:

Anti-Kraft-Auto

Sicherheitslenksäule.
Bei einem Frontalzusammenstoß bohrt sich die Lenkung nicht in den Fahrer, sondern die Lenksäule schiebt sich ineineinder.

Airbag.
Ein Luftkissen, das sich beim Aufprall blitzschnell aufbläst und den Fahrer abfängt. Die meisten modernen Autos haben Airbags.

Sicherheitsgurte halten den Körper auf dem Sitz zurück.

Knautschzonen (in einigen neueren Autos). Bei einem Unfall knautscht sich ein Teil der Kühlerhaube zusammen und federt die Wucht des Aufpralls ein wenig ab.

Seitenschutz (in einigen neueren Autos). Die Türen werden durch Metallstäbe verstärkt, damit sie bei einem Unfall nicht eingedrückt werden können.

Überschallgeschwindigkeit

Die Kräfte, die bei einem Autounfall wirken, können enorm sein, aber bei Flugzeugabstürzen oder wenn ein Mensch aus einem Flugzeug fällt, ist die Kraftwirkung viel stärker. Der österreichische Physiker Ernst Mach (1838–1916) hat die Wirkung hoher Geschwindigkeiten auf den menschlichen Körper erforscht. Er fand zum Beispiel heraus, dass es schwierig ist, sich schneller vorwärts zu bewegen als der Schall. (Das ist die Geschwindigkeit, mit der sich Schallwellen durch die Luft ausbreiten, nämlich 1220 Stundenkilometer.)

Das Problem mit der Überschallgeschwindigkeit ist folgendes: Jedes Flugzeug schiebt beim Fliegen Luftmassen vor sich her. Aber ein Flugzeug mit Schallgeschwindigkeit ist so schnell, dass es auf die Luft trifft, bevor diese ausweichen kann. Ein solcher Flug ist ziemlich ungemütlich, und die Maschine läuft Gefahr, in Stücke gerissen zu werden (und natürlich auch die Eingeweide des Piloten). In den 40er Jahren starben einige Piloten bei dem Versuch, die Schallmauer zu durchbrechen. 1947 überlebte es der amerikanische Pilot Charles E. Yeager in einem Flugzeug mit Raketenantrieb. Man wusste zu diesem Zeitpunkt noch nichts darüber, wie ein menschlicher Körper reagiert, wenn er mit Überschallgeschwindigkeit auf Luft trifft würde – würde er es überleben?

WARNUNG VOR GEFAHREN!

Leser, die zu Schwindelanfällen neigen, sollten diese Geschichte lieber überspringen. Im Zweifelsfall besser eine Kotztüte bereithalten – du willst doch nicht dein neues Buch versauen!

Flieg um dein Leben

26. Februar 1955, Kalifornien, USA

Genau um 9.30 Uhr sammelte der amerikanische Testflug-Star George Franklin Smith seine Wäsche zusammen und verließ den Waschsalon. Er trat auf die Straße und bog links ab – ohne zu wissen, dass ihm der schrecklichste Tag seines Lebens bevorstand.

Wer weiß – hätte er sich nicht vorgenommen, an diesem Wochenende zu arbeiten, wäre er seinem Schicksal vielleicht entgangen … Zu Hause erwartete ihn nur uninteressanter Schreibkram. Und gerade als er sich an die Arbeit machen wollte, bekam er das verlockende Angebot, einen brandneuen, glänzenden Jet zu testen. Es handelte sich um einen neuen Flugzeugtyp. Schneller als der Schall.

George grinste. Er liebte Testflüge mit superschnellen Maschinen. Das war sozusagen sein Spezialgebiet. Lässig wie immer erwiderte er:

Klar, ich krieg den Vogel schon rauf. Ich schätz mal, so 45 Minuten, länger nich!

47

Für so einen kurzen Flug brauchte er gar nicht erst den Sicherheitsanzug anzuziehen, fand George.

Als er abhob, merkte er, dass der Steuerknüppel sich ein bisschen schwerfällig bewegte. Kein Anlass, sich ernsthafte Sorgen zu machen – beim Kontrollcheck vor dem Abflug war alles bestens gewesen. George unterhielt sich munter über Funk mit einem Pilotenfreund.

Minuten später durchbrach er die Schallmauer. Plötzlich sackte der Bug der Maschine ab, und die Steuerung blockierte. Der Jet stürzte mit Überschallgeschwindigkeit in die Katastrophe.

„Spring ab, George! Du musst sofort da raus!", schrie die Stimme des Freundes in den Kopfhörer.

Schneller und schneller sauste die Maschine nach unten. „Die Steuerung blockiert – ich stürze ab!", brüllte George.

Ihm blieben nur noch wenige Sekunden: Wenn er nicht sprang, würde er sterben.

2100 Meter unter ihm glitzerte das blaue Meer im Sonnenlicht.

George riss die Armlehne vom Sitz und drückte auf den Auslöser zum Abwerfen der Plexiglas-Kabinenhaube. Krachend schlug die Luft ins Cockpit. Durch die hohe Geschwindigkeit wurde George in seinen Sitz gedrückt. Mit größter Anstrengung streckte er die Hand aus. Seine Finger streiften den Nothebel des Schleudersitzes. Zum Nachdenken blieb keine Zeit. Er dachte nicht an die drohende Gefahr – bisher hatte *kein* Pilot überlebt, der aus einem Überschallflieger abgesprungen war!

Georges Finger legten sich um den Nothebel. KRAWUMM!

Eine ungeheure Wucht katapultierte ihn aus dem Cockpit. Er prallte gegen eine Mauer aus Luft. Himmel und Erde drehten sich im Kreis. Innerhalb weniger Sekunden hatte der Luftstrom ihm Schuhe und Socken, seine Armbanduhr und den Helm vom Leib gerissen. Er blutete stark und hatte Todesangst.

Sein fallender Körper fühlte sich an wie eine Feder. „Ein fallender Körper", dachte er benommen, „hat kein Gewicht. Das liegt irgendwie … an der Schwerkraft." Es gab einen Knall, und dann spürte er einen heftigen Ruck, als der Fallschirm sich öffnete. Der Stoff füllte sich mit Luft und bremste sie. Dann wurde es George schwarz vor Augen. Er spürte keinen Schmerz, als sein Körper mit Wucht ins Meer tauchte und zu sinken begann.

„He, fass mal mit an!", rief der Fischer seinem Freund zu, während er den schweren Körper aus dem Wasser zog.

„Ich glaube, es ist zu spät", erwiderte der andere mit zweifelndem Blick. „Der Pilot ist bestimmt tot."

Aber George Smith lebte noch …

Es dauerte einen Monat, bis die Luftwaffe alle Wrackteile von Georges Maschine aus dem Meer gefischt hatte – die Absturzstelle befand sich 1600 Meter von der Küste entfernt. Die Überreste des Flugzeuges füllten etwa 50 große Fässer, und noch immer wusste niemand, was den Unfall verursacht hatte.

Aber die Wissenschaftler hatten nun die einmalige Gelegenheit, die Auswirkungen extremer Kräfte auf den menschlichen Organismus zu studieren – nämlich an dem geschundenen Körper des armen George.

Sie fanden Folgendes heraus:

1 Als George aus der Maschine geschleudert wurde, erhöhte seine hohe Geschwindigkeit die Wirkung der Schwerkraft. Unser „Gewicht" hängt von der Stärke der Schwerkraft ab, die auf unseren Körper einwirkt. Jeder Teil von Georges Körper wurde 40-mal schwerer als unter normalen Bedingungen. So etwas kennst du vielleicht auch. Es ist das komische Gefühl, in seinen Sitz gepresst zu werden, wenn man mit einer Achterbahn nach oben fährt. Nur dass George so unglaublich schnell war, dass diese Kraft ihn fast umgebracht hätte.

2 Auch sein Blut war ein paar Augenblicke lang schwerer als gewöhnlich. Das schwere Blut durchschlug die Wände seiner schweren Blutgefäße. Durch die vielen inneren Blutungen war sein ganzer Körper übersät von blauen Flecken. Sein Kopf schwoll an wie ein dunkelroter Fußball.

3 Georges Augenlider bluteten, weil der Wind beim Fallen so stark an ihnen gezerrt hatte.

Alles in allem verbrachte George sieben Monate im Krankenhaus. Aber er wurde wieder ganz gesund und fing sogar wieder

an zu fliegen. Er hatte unglaubliches Glück gehabt und war der
einzige Pilot auf der ganzen Welt, der bei einem solchen Ab-
sturz mit dem Leben davongekommen war. Vom Himmel zu
fallen ist der schlimmste Albtraum eines jeden Piloten. Denn zu
fallen – das heißt, der Schwerkraft ausgeliefert zu sein – kann
tödlich enden. Also: Halt dich lieber gut fest, wenn du das
nächste Kapitel überleben willst. Und:

Schonungslose Schwerkraft

Was hoch fliegt, kommt früher oder später wieder runter. Dieser Spruch stimmt auf jeden Fall – es sei denn, man befindet sich gerade im Weltall, wo die Dinge schwerelos dahinschweben. Und warum tun sie das? Ganz einfach: weil es im Kosmos keine Schwerkraft gibt, die sie zur Erde zurückzieht. Was ist das also für eine unheimliche, gandenlose Kraft? Hier eine Zusammenfassung der fatalen Fakten:

Steckbrief

NAME: Schwerkraft (Gravitation, Anziehungskraft)

WICHTIGSTE MERKMALE: Die Schwerkraft wirkt zwischen allen Dingen: Der größere Gegenstand zieht den kleineren an. Allerdings wird sie nur spürbar, wenn der größere Gegenstand RIESIG ist. Forscher glauben, dass Gegenstände kleine Teilchen ausstrahlen, so genannte Gravitonen, die die Kraft transportieren.

NACHTEILE: Mithilfe der Schwerkraft wurden früher viele Menschen hingerichtet (siehe Seite 56). Jedenfalls zieht dich die Erde bei jedem Fall gnadenlos zu ihrem Mittelpunkt.

↑
Kleiner
Körper
(Der Mann
auf dem
Buchumschlag)

Großer
Körper
(Die Erde)
↓

Endgeschwindigkeit

Wie wäre es mit etwas richtig Aufregendem? Du steigst in ein Flugzeug und lässt dich auf eine Höhe von, sagen wir mal, 6100 Metern fliegen – und dann springst du raus. Du benutzt keinen Fallschirm, jedenfalls nicht, bis du die Hälfte der Strecke zum Boden im freien Fall hinter dich gebracht hast, unter der gnadenlosen Wirkung der Schwerkraft. Das ist nicht etwa kompletter Schwachsinn, sondern eine beliebte Sportart. Falls du Höhenangst hast, leg lieber eine Augenbinde um, bevor du das nächste Kapitel liest!

Kurz-Kursus für Fallschirm-Springer

1 Versuche, nicht runterzugucken. Spring aus dem Flugzeug.
2 Prüfe nach, ob dein Fallschirm bombenfest auf deinen Rücken geschnallt ist. (Verzeihung, das ist eigentlich Punkt eins.)

3 Fang an, Purzelbäume zu schlagen. Dazu musst du nichts tun, es geht ganz automatisch, weil dein Gleichgewichtssinn nicht mehr richtig funktioniert und du die Balance nicht halten kannst. Dir wird schlecht … Ruhig bleiben!

4 15 Sekunden lang fällst du immer schneller, in jeder Sekunde 9,80 Meter mehr, bis du eine maximale Geschwindigkeit von 50 Metern pro Sekunde erreichst. Das nennt man Endgeschwindigkeit – schneller kannst du nicht fallen. Schluck! Unter dir ist einfach nichts, außer Luft natürlich, und du fällst und fällst und fällst … Ein scheußliches Gefühl – aber manche Leute können gar nicht genug davon kriegen.

5 Gute Nachricht! Noch schneller kannst du nicht fallen, weil die Luft dich abbremst – das nennt man Luftwiderstand.

6 Jetzt hast du Gelegenheit, deine Sprungkünste unter Beweis zu stellen! Versuche, mit dem Gesicht nach unten zu fallen. Streck die Arme und Beine aus, und drück den Bauch nach vorne. Wie du feststellen wirst, biegt sich dein Körper – Arme und Beine werden hoch gedrückt.

Jetzt hat die Luft von unten die größtmögliche Angriffsfläche. Das bremst deinen Fall ab, sodass du langsamer fliegst. Flughörnchen wenden bei ihren Gleitflügen dasselbe Prinzip an.

7 Eine Minute später. Gefällt es dir? Fein. In 25 Sekunden schlägst du auf den Boden auf. Zieh jetzt besser an der Steuerleine, damit dein Fallschirm sich öffnet. Sonst wirst du ein Opfer der gnadenlosen Schwerkraft – und es gibt ein unschönes Loch, wenn du dich in den Erdboden bohrst.

8 Achte darauf, dass du beim Landen in die Hocke gehst. Durch das Beugen der Knie federst du den Aufprall ein wenig ab. War das nicht einfach toll? Du willst bestimmt sofort noch mal!

Noch mehr schonungslose Schwerkraft

Lange Zeit wurde die Schwerkraft dazu benutzt, Menschen durch Galgen hinzurichten. Der Verurteilte fiel mit einem Strick um den Hals durch eine Falltür, und die Schwerkraft brach ihm das Genick. Je tiefer der Fall, desto stärker die wirkende Schwerkraft – manchmal riss der Kopf auch ab!

Eine andere scheußliche Hinrichtungsmethode war das Enthaupten mit der Guillotine: noch ein Apparat, der Verurteilte mithilfe der Schwerkraft zum Tode beförderte. Eine scharfe Klinge mit schweren Gewichten (30,4 Kilo) fiel von oben auf den Nacken des Opfers herab. In den 90er Jahren des 18. Jahrhunderts waren Mini-Guillotinen sogar beliebte Kinderspielzeuge!

In England wurden im 17. Jahrhundert Verbrecher, die ihre Tat nicht gestanden, mit Gewichten zu Tode gequetscht – auch in diesen Fällen war der schonungslose Killer die Schwerkraft. Übrigens kann eine kleine Laus eine Kraft aushalten, die dem 500 000-fachen ihres eigenen Körpergewichtes entspricht! Pech für die Verbrecher, denn Menschen sind sehr viel zerbrechlicher.

Aber es gibt auch weniger fatale Folgen von Schwerkraft. Manchmal. Du denkst bestimmt, dass eine Nacht auf einer Matratze aus spitzen Nägeln so etwas wie ein menschliches Nadelkissen aus dir macht? Nicht unbedingt. Du kannst einen spitzen Nagel mit einem Gewicht von 450 g belasten, ohne dich zu verletzen. (Probier es lieber nicht selber aus – auf Nägeln krabbeln haufenweise widerliche Bazillen herum …) Also können 400 Nägel einen Körper tragen, der 182 Kilo wiegt. (So viel wiegst du bestimmt nicht.) Angenehme Nachtruhe!

Kraft-Ausdrücke

Teste deinen Lehrer

Auf diese Frage fallen deine Lehrer ganz bestimmt rein. Du lächelst unschuldig und nett und sagst:

Topstars der Physik:
Galileo Galilei (1564–1642), Italiener

Als junger Mann wollte Galilei Mathe studieren (äußerst merkwürdig!), aber sein Vater zwang ihn zu einem Medizinstudium, weil Ärzte mehr Geld verdienen als Mathematiker. Aber der gerissene Galilei studierte einfach heimlich Mathe, bis der Vater alle Hoffnung aufgab, einen Mediziner aus ihm zu machen. Als Galilei 25 war, wurde er Professor für Mathematik an der Universität von Pisa. Er begann, sich für Schwerkraft zu interessieren und machte erstaunliche Experimente, um sie zu erforschen. Sein Notizbuch könnte so ausgesehen haben:

Mein Experiment-Notizbuch

Ich bin sicher, dass leichte und schwere Dinge gleich schnell fallen. Aber alle lachen mich aus. Sie sagen: „Schwere Dinge sind schneller, logisch. Weil sie schwerer sind." Grrr. Wartet nur!

Holz → ● ○ ← Metall

Experiment 1
1 Klettere mit zwei Kugeln auf den Schiefen Turm von Pisa. Eine ist aus Holz, die andere aus Metall. Die aus Metall muss viel schwerer sein.

2 Stell dich auf die Turmspitze. Vorsicht! Es ist ganz schön rutschig da oben!

3 Wirf die beiden Kugeln vom Turm. Rutsch nicht aus, sonst fliegst du hinterher!

4 Oh – fast vergessen: Unten darf keiner stehen!

5 Kommen beide Kugeln gleichzeitig unten an? Dann stimmt meine Theorie!

Miauu!

 ICH

Die Leute glauben mir immer noch nicht. Pah – ich habe Beweise!

Experiment 2

1 Du brauchst ein Brett mit einer Rinne. Kleide die Rinne mit glattem Pergament aus – das Pergament stellst du aus einer Tierhaut her.

FELL DER ERSCHLAGENEN KATZE AUS EXPERIMENT 1

2 Leg die Rinne hoch, sodass ein Gefälle entsteht. Lass eine Bronzekugel hinunterrollen. (Mit anderen Metallen geht es auch.)

3 Die Zeit, die die Kugel zum Runterrollen braucht, muss ganz genau gemessen werden. Oh, verdammt – genaue Uhren gibt es ja noch gar nicht! Dann messe ich eben mit meinem Puls. Ich darf nicht zu aufgeregt sein, sonst beginnt mein Herz zu rasen! Das Experiment lieber ein paar Mal wiederholen.

3, 4, 5, 6, ...

RUMPEL

RUMPEL

4 Ich glaube, die Schwerkraft beschleunigt alle Dinge gleich stark. Dann müssten auch unterschiedlich schwere Kugeln gleich schnell rollen.

Anmerkungen:

1 Es stellte sich heraus, dass Galileo Galilei mit beiden Experimenten Recht hatte.

2 Manche Historiker glauben nicht, dass Galilei das erste Experiment wirklich durchgeführt hat. Na und? Es ist trotzdem eine schöne Geschichte!

Genie Galilei

Galilei war ein Genie, kein Zweifel! Er erfand das Thermometer, eine Pendeluhr und einen erstaunlichen Kompass, mit dem man die Reinheit von Metallen bestimmen konnte. Er fand sogar heraus, dass Kanonenkugeln im Flug eine Kurve beschreiben: Sie bewegen sich zuerst mit gleich bleibender Geschwindigkeit geradeaus, und dann senken sie sich durch die Wirkung der Schwerkraft zum Boden und werden dabei schneller. Galileis Entdeckung war in gewisser Weise tödlich: Nun konnten die Kanonenschützen nämlich viel genauer zielen und mehr Menschen umbringen.

Kannst du so scharf denken wie Galilei? Teste dich selbst!

Forschergeist-Quiz

1 Stell dir vor, du bist Galilei. Du guckst gerade durch dein frisch erfundenes Fernrohr und siehst, wie die Planeten die Sonne umkreisen. (Newton bewies später, dass die Schwerkraft der Sonne die Planeten daran hindert, in die Unendlichkeit des Weltalls abzuwandern.) Aber es gibt da ein winziges Problemchen: Ein Haufen wichtiger Kirchenmänner ist nämlich der festen Überzeugung, dass die Planeten sich um die Erde drehen. Diese mächtigen Männer wollen nicht, dass so ein dahergelaufener Wissenschaftler wie du ihnen beweist, dass sie im Unrecht sind. Du stellst fest, dass du es dir mit diesen Leuten nicht verscherzen darfst. Was tust du also?

a) Du beginnst eine wissenschaftliche Debatte.

b) Du lässt sie durch dein Fernrohr gucken.

c) Du brüllst sie an, bis sie klein beigeben.

Sieh her, du Depp! Die Kartoffel dreht sich um das Ei, nicht umgekehrt – kapiert?

2 Du bist davon ausgegangen, dass die kirchlichen Experten freundliche Menschen sind. Sind sie aber nicht. Sie klagen dich an, etwas gegen die Kirche zu haben. Was tust du?

a) Du machst dich aus dem Staub.

b) Du schreibst ein Buch, in dem du dich über die Kirche lustig machst.

c) Du gibst eine öffentliche Stellungnahme ab.

3 Im Jahre 1623 landest du einen Glückstreffer. Ein alter Kumpel von dir wird zum Papst gewählt. Er erlaubt dir, ein Buch zu schreiben, wenn es nichts mit deinen naturwissenschaftlichen Überzeugungen zu tun hat. Was für ein Buch schreibst du?

a) Du untermauerst deine Theorien und ziehst deine Gegner ins Lächerliche.

b) Du stellst beide Meinungen ausführlich dar und entscheidest dich weder für die eine noch für die andere.

c) Dir gelingt eine raffinierte doppeldeutige Darstellung, in der du die Ansichten der Kirche scheinbar unterstützt, sie in Wirklichkeit jedoch widerlegst.

4 Dein Buch ist ein Bestseller, aber der Papst tobt vor Wut. Du wirst der Ketzerei beschuldigt und vor das gefürchtete Gericht der Inquisition gestellt. Deine Gegner fälschen ein Dokument, in dem behauptet wird, die Kirche hätte dir verboten, deine Theorien zu verbreiten. Wenn du schuldig gesprochen wirst, könntest du an einen Pfahl gebunden und bei lebendigem Leibe verbrannt werden. Was tust du?

a) Du bestehst todesmutig auf die Richtigkeit deiner Ansichten.

b) Du erinnerst den Papst vorsichtig daran, dass ihr Kumpel seid.

c) Du reißt einen Witz darüber, dass die Kirche einem aber wirklich Feuer unterm Hintern macht.

5 Um dir Angst einzujagen, zeigt dir die Inquisition die Folterinstrumente, mit denen Geständnisse erpresst werden. Du siehst die Streckbank, die Daumenschrauben und die glühenden Zangen. Was sagst du?

a) Okay, wo soll ich unterschreiben? Ich bin schlecht, ich habe alle Verbrechen begangen, sogar die, von denen ich nichts weiß.

b) Über eure mickrige Folterkammer kann ich nur müde lächeln. Ich trotze allen Gefahren – Wahrheit bleibt Wahrheit!

c) Gebt mir eine Bedenkzeit von 20 Jahren.

Lösung: 1b) Galilei sprach mit führenden Astronomen der Kirche. Sie schauten durch sein Fernrohr und mussten einsehen, dass er Recht hatte. Aber sie weigerten sich, es zuzugeben.

2b) Das war dumm, denn man hatte Galilei befohlen, nicht über seine Ansichten zu sprechen.

3c) In seinem Buch beschrieb Galilei ein Gespräch zwischen drei Leuten. Die Figur, die seine eigenen Ansichten vertritt, ist als scharfer Denker dargestellt. Die Figur, die die Meinung der Kirche widergibt, trägt den Namen „Simplicius" – das ist das lateinische Wort für „Depp".

4a) Natürlich hatte Galilei Recht, aber die Kirche weigerte sich jahrhundertelang, das anzuerkennen. Immerhin: Im Jahre 1922 tat sie es dann doch – wie schade, dass der gute alte Galilei das nicht mehr miterlebt hat! Aber zum Glück lasen andere Wissenschaftler Galileis Bücher, wie zum Beispiel Isaac Newton. Sie konnten auf seinen Erkenntnissen aufbauen und fügten ihre eigenen Forschungsergebnisse über die Gesetze der Schwerkraft und die Bewegungen der Planeten hinzu.

5a) Okay, genau so hat Galilei es bestimmt nicht gesagt. Aber er nahm vor der Inquisition alle seine Äußerungen zurück und behauptete, im Unrecht gewesen zu sein. Man kann's ihm nicht verübeln. Galilei wurde zu unbefristeter Haft verurteilt und verbrachte den Rest seines Lebens unter strenger Bewachung in seinem Landhaus. Er beschäftigte sich weiter mit Kräften, rührte aber nie wieder ein Fernrohr an.

Bedrohliche Balanceakte

Jeder Körper hat einen Schwerpunkt. Stell dir mal eine Seiltänzerin vor …

Ihr Schwerpunkt ist die Stelle ihres Körpers, an dem die Schwerkraft am stärksten zieht. Das Gewicht der Seiltänzerin ist gleichmäßig um diesen Punkt verteilt. Solange der Schwerpunkt von unten gestützt wird, befindet sich der Körper der Seiltänzerin im Gleichgewicht. Dazu muss sie die Füße immer unterhalb ihres Schwerpunktes haben. Ein solcher Balanceakt ist eine ziemlich wackelige und auch gefährliche Angelegenheit. In manchen Fällen ist es einfach unmöglich, das Gleichgewicht zu halten …

Quiz der wackeligen Wundertaten

Welche dieser unglaublichen Balance-Kunststücke haben wirklich stattgefunden?

1 Im Jahre 1753 balancierte ein holländischer Akrobat mit einem Fuß auf der Wetterfahne der Londoner St. Paul's Kathedrale – dabei hielt er ein 4,6 Meter langes Banner in der Hand. *Richtig oder falsch?*

2 Im Jahre 1859 spazierte der Franzose Jean Blondin (1824–1897) in 50 Meter Höhe über die tobenden Niagarafälle hinweg – mit verbundenen Augen! *Richtig oder falsch?*
3 Der holländische Akrobat Leopold van Trump balancierte 1773 auf einem 30 Meter hohen Seil und jonglierte dabei mit zehn Tomaten. (Wäre er heruntergefallen, hätte er vielleicht den Tomatenketschup erfunden.) *Richtig oder falsch?*

4 1842 verblüffte die Engländerin Miss Cooke das Londoner Zirkuspublikum dadurch, dass sie an einem Tisch saß und ein Glas Wein trank. Ist doch nichts Besonderes? Doch, denn sie tat es auf einem Hochseil. *Richtig oder falsch?*

5 Alexander Bendikov aus Weißrussland balancierte 1995 eine Pyramide, die aus 880 aufeinander getürmten Münzen bestand. Die Pyramide stand auf dem Kopf und balancierte auf dem Rand einer einzigen Münze! (Zum Glück hatte die Kasse, an der die Eintrittskarten verkauft wurden, genug Wechselgeld, sonst wäre die Nummer vielleicht ausgefallen.) *Richtig oder falsch?*

6 Der Amerikaner Bryan Berg baute 1996 ein 5,85 Meter hohes Kartenhaus, das 100 Stockwerke hatte. *Richtig oder falsch?*

7 Der Brasilianer Leandro Henrique Basseto balancierte 1990 100 Minuten lang auf einem Reifen seines Fahrrads! *Richtig oder falsch?*

Lösung: 1 Richtig. Manche Leute tun einfach *alles*, um Aufmerksamkeit zu erregen!
2 Richtig. Blondin lief sogar auf Stelzen über das Seil. Das war nun wirklich ein bisschen übertrieben …
3 Falsch.
4 Richtig.
5 Richtig.
6 Richtig. Er baute das größte Kartenhaus der Welt in der dänischen Hauptstadt Kopenhagen. Wozu tut man so etwas?
7 Falsch. Er schaffte es viel länger – nämlich unglaubliche 640 Minuten.

Tja, es ist schon erstaunlich, was für total verrückte und tod-trotzende, scheinbar schwerelose Kunststücke Menschen voll-bringen können, solange es ihnen gelingt, die Schwerkraft aus-zubalancieren. Allerdings können diese Todesmutigen dabei ganz schön unter Druck geraten ... Was für ein Zufall! Von Druck handelt nämlich auch unser nächstes Kapitel. Von der Kraft des Drucks nämlich, die Menschen zerquetschen kann, als seien sie Ameisen. Aua!

Ich stehe in letzter Zeit ziemlich unter Druck!

Erdrückender Druck

Luft und Wasser kommen auf der Erde zum Glück reichlich vor – es sind nämlich lebenswichtige Stoffe. Ohne sie könnten wir nicht existieren. Aber wenn sie unter Druck geraten, ist es schwer, mit ihnen auszukommen. Im Extremfall können sie sogar tödlich sein.

Steckbrief

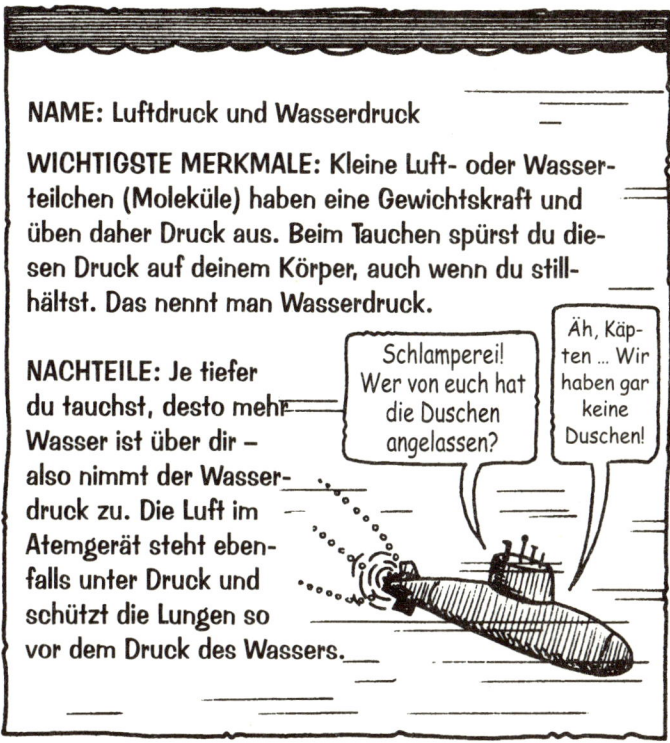

NAME: Luftdruck und Wasserdruck

WICHTIGSTE MERKMALE: Kleine Luft- oder Wasserteilchen (Moleküle) haben eine Gewichtskraft und üben daher Druck aus. Beim Tauchen spürst du diesen Druck auf deinem Körper, auch wenn du stillhältst. Das nennt man Wasserdruck.

NACHTEILE: Je tiefer du tauchst, desto mehr Wasser ist über dir – also nimmt der Wasserdruck zu. Die Luft im Atemgerät steht ebenfalls unter Druck und schützt die Lungen so vor dem Druck des Wassers.

Schlamperei! Wer von euch hat die Duschen angelassen?

Äh, Käpten ... Wir haben gar keine Duschen!

Einer der ersten Wissenschaftler, die den Luftdruck erforschten, war der französische Physiker Blaise Pascal.

Topstars der Physik:
Blaise Pascal (1623–1662), Franzose

Blaise Pascal hatte überhaupt keinen Sinn für Humor. Kein Wunder, denn er litt sein Leben lang unter heftigen Magenproblemen – da vergeht einem das Lachen natürlich. Aber das hielt ihn nicht davon ab, einige erstaunliche Entdeckungen zu machen. Mit 19 erfand er eine Maschine, mit der sein Vater, ein Finanzbeamter, Steuern berechnen konnte. Und 1646 erfand er das Barometer, ein Gerät zum Messen des Luftdrucks. Hoher Luftdruck lässt eine Quecksilbersäule nach oben steigen.

Um seine Erfindung zu testen, zwang Pascal seinen Schwager dazu, mit dem Barometer auf einen Berg zu steigen. (Selbst konnte er es ja nicht, weil er zu krank war.) Der Bergsteiger stellte fest, dass der Luftdruck abnahm, je höher er kletterte. Logisch: Je höher du dich befindest, desto weniger Luft ist über dir. Dadurch verringert sich der Druck. Der hilfreiche Schwager ist inzwischen vergessen, und die Maßeinheit für den Druck wurde nach dem französischen Forscher benannt: Pascal. (1 Pascal = 1 Newton pro Quadratmeter. – Wobei Newton in diesem Fall nicht der englische Physiker ist, sondern die Maßeinheit für Kraft: *das* Newton.)

Schon gewusst?
Stell dir die vielen Kilometer Luft vor, die auf deinem Kopf lasten. Der Luftdruck auf deinem Körper beträgt unglaubliche 100 000 Pascal! Das entspricht dem Gewicht von zwei Elefanten! Zum Glück herrscht auch in deinem Körper Druck – er drückt mit derselben Kraft nach außen, sodass du den Druck von außen nicht spürst. Flugzeuge, die sehr hoch fliegen, haben Druckkabinen, wo derselbe Luftdruck herrscht wie am Erdboden. Sonst würde sich die Luft in deinem Körper durch den abnehmenden Außendruck immer weiter ausdehnen. Lungen und Eingeweide würden sich aufblähen, und Luftblasen in Zahnfüllungen könnten Zähne zum Explodieren bringen.

Teste selbst ... Wie der Luftdruck dir beim Trinken behilflich ist

Du brauchst:
– dich selbst
– eine Flasche deines Lieblingsgetränkes (zu rein wissenschaftlichen Zwecken) – sie muss aber einen engen Hals haben!

So gehst du vor:

1 Versuche, aus der Flasche zu trinken. Setz dich gerade hin, und leg die Öffnung der Flasche an deinen Mund. Nun kannst du das Getränk leicht aus der Flasche saugen.

2 Nun steck das Ende der Flasche in deinen Mund, stülp die Lippen über die Öffnung, und versuche zu trinken. Was stellst du fest?

a) Es geht genauso leicht wie vorher.

b) Du kriegst nichts mehr aus der Flasche raus.

c) Deine Spucke läuft aus Versehen in die Flasche.

Lösung: b) Bevor du einen Schluck nimmst, atmest du ein. Dadurch verringert sich der Luftdruck in deinem Mund. Der höhere Luftdruck in der Flasche drückt die Flüssigkeit in deinen Mund. Wenn du die Flaschenöffnung mit dem Mund verschließt, ist der Druck in der Flasche derselbe wie in deinem Mund. Die Folge: Die Flüssigkeit fließt nicht mehr. Saug nicht zu doll, sonst hast du gleich die ganze Flasche im Mund! Aber viel schlimmer wäre es, wenn sich in der Flasche ein Vakuum befände. Warum wohl ...?

71

Lee(h)rer Spruch

Unter Druck

1 Das erste künstliche Vakuum wurde von dem deutschen Physiker Otto von Guericke (1602–1686) erzeugt. In seiner Freizeit beschäftigte er sich mit wissenschaftlichen Experimenten.

2 Im Jahre 1647 versuchte er, die Luft aus einem Bierfass herauszupumpen. Es entstand zwar ein Unterdruck, aber das Fass war nicht dicht – durch die Ritzen wurde immer wieder neue Luft hineingesogen. Dabei war ein pfeifendes Geräusch zu hören.

3 Von Guericke stellte das Fass in einen großen Behälter mit Wasser. Das Ergebnis: Das Wasser wurde mit lautem Gurgeln durch die Ritzen hineingesogen.

4 Als Nächstes veruchte er es mit einer hohlen Kupferkugel. Als er die Luft herauspumpte, wurde die Kugel wie durch eine unsichtbare Kraft zusammengedrückt.

5 1654 stellte Guericke aus zwei dickeren Halbkugeln aus Kupfer eine hohle Kugel her und pumpte die Luft heraus. Er hatte ein Vakuum erzeugt. Der Luftdruck von außen drückte die beiden Halbkugeln fest aneinander. Derselbe Druck hatte die erste Kugel zusammengedrückt.

6 50 Männer schafften es nicht, die beiden Hälften voneinander zu trennen.

7 Zwei Pferdegespanne hatten genauso wenig Glück.

8 Aber als von Guericke Luft in die hohle Kugel hineinpumpte, fielen die beiden Hälften auseinander.

Einige beein-druck-ende Druckgeschichten

1 In den 90er Jahren des vorigen Jahrhunderts benutzte eine junge Zirkusartistin namens Aimée die Kraft des Vakuums dazu, an der Decke spazieren zu gehen. An ihren Schuhen waren Saugnäpfe angebracht, aus denen die Luft bei jedem Schritt vollständig herausgedrückt wurde. Der Luftdruck von außen klebte ihre Füße dann an der Decke fest. Echt beein-druck-end!

2 Eine Sektflasche steht auch unter Druck. Das liegt an den vielen kleinen Sektperlen, das heißt an der Kohlensäure, die in Sekt enthalten ist. Wenn man die Flasche schüttelt und erhitzt, fliegt der Korken mit 12,3 Metern pro Sekunde an die Decke – das entspricht der Geschwindigkeit eines Felsens, der mit Dynamit gesprengt wird. So wird jede Party ein Knaller!

3 Unter Druck stehende Flüssigkeiten oder Gase werden in hydraulischen Maschinen benutzt, um große Gewichte zu bewegen – wie zum Beispiel die starken Kolben, die riesige Ausleger von Kränen hin und her schwenken. Eines der ersten hydraulischen Geräte war ein Staubsauger, den man im 19. Jahrhundert benutzte. Mithilfe eines spritzenden Wasserstrahls wurde in dem Apparat ein Unterdruck erzeugt. Dadurch entstand ein Luftsog, der den Staub wegsaugte. Wenn der Strahl allerdings mal in die falsche Richtung spritzte, stand das ganze Wohnzimmer unter Wasser.

Minna, ich glaube, Sie nehmen besser den Handfeger!

4 1868 baute der amerikanische Erfinder George Westinghouse (1846–1914) eine Luftdruckbremse. Sie nutzte den abfedernden Effekt des Luftdrucks zum Abbremsen von Zügen. Der Eisenbahn-Millionär Cornelius Vanderbilt nannte Westinghouse' Erfindung eine „Ausgeburt des Schwachsinns". Er konnte sich einfach nicht vorstellen, dass Luft einen Zug abbremst. Heutzutage werden solche Bremsen auch für Busse und Lastwagen verwendet.

Mithilfe von Luftdruck kann man sogar Züge bewegen! Auf diesen genialen Gedanken kam ein echtes Genie …

Topstars der Physik:
Isambard Kingdom Brunel (1806–1859), Engländer
Isambard Kingdom Brunel widmete sein ganzes Leben dem Maschinenbau. Er dachte sich eine ganze Menge unglaublich praktischer Konstruktionen aus, die den Menschen mithilfe von

natürlichen Kräften das Leben erleichterten. Er baute massenweise Eisenbahnen, riesige Tunnels und Eisenschiffe. Oft war er so beschäftigt mit seiner Arbeit, dass andere Menschen ihn kaum interessierten. Er schickte sogar seinen eigenen verkrüppelten Sohn in eine Schule, in der die Kinder tagtäglich verprügelt wurden. Als der Sohn sich beschwerte, schnauzte der herzlose Brunel ihn an:

Brunel liebte es, das schier Unmögliche zu erreichen. Manchmal gelang es ihm, aber manchmal machte er auch fatale Fehler. Die folgende Geschichte handelt von einer solchen Katastrophe, nämlich von einer Lokomotive mit Luftdruckantrieb …

Rohrträume

Devon in England, 1848

Isambard Kingdom Brunel kaute an seiner Jumbo-Zigarre und schritt wütend die Bahnschienen entlang. Wie immer überschlugen sich seine Gedanken, und ein Einfall jagte den anderen. Geniale Einfälle. Fantastische Pläne. Rohrträume. Alles war ihm so einfach vorgekommen – damals.

Vor vier Jahren war er mit einigen anderen führenden Ingenieuren nach Irland gefahren, um sich die weltweit erste „Druckluft-Eisenbahn" anzusehen. Ein Zug, bei dem die Waggons mit hoher Geschwindigkeit und ohne viel Krach bewegt wurden – und zwar durch die erstaunliche Kraft der Luft! Die Grundidee war einfach …

Bauanleitung für eine Druckluft-Bahn:

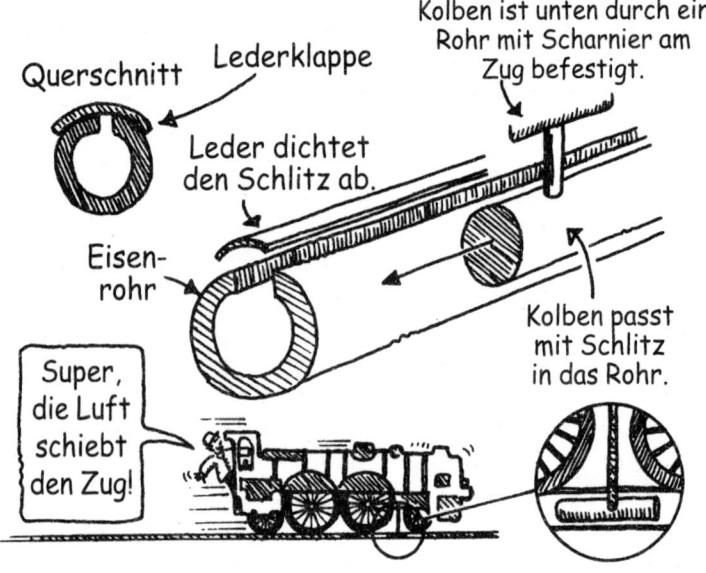

1 Das Rohr verläuft in der Mitte zwischen den Gleisen. Entlang der Bahnstrecke stehen mehrere Häuschen mit Dampfpumpen, die die Luft aus dem Rohr pumpen.

2 In dem Rohr bewegt sich ein Kolben, der oben mit der Lokomotive verbunden ist. Durch das Absaugen der Luft entsteht im Rohr auf der einen Seite des Kolbens ein Vakuum. Die Luft auf der anderen Seite will an dem Kolben vorbei, um das Vakumm zu füllen, und drückt dadurch mit großer Kraft gegen ihn.

3 Die Luft schiebt den Kolben vor sich her und dadurch die ganze Lokomotive.

Die anderen Ingenieure lachten über diese Rohrbahn und glaubten nicht, dass sie ohne Probleme funktionierte. Aber Isambard war äußerst beeindruckt und schlug die neue Erfindung für die South-Devon-Eisenbahn in Südengland vor. Dabei vergaß er zu erwähnen, dass auf der irischen Druckluft-Bahnstrecke Pannen an der Tagesordnung waren. Es gelang Brunel, einige reiche alte Damen für sein Projekt zu begeistern – schließlich war er der beste Ingenieur der Welt! Die Strecke wurde gebaut, aber Brunels Rohrträume verwandelten sich schon sehr bald in einen wahren Albtraum! Nichts klappte.

Brunel reiste nach Devon, um dort nach dem Rechten zu sehen, und Tom, der Sohn des Bahnwärters, führte ihn herum.

„Es liegt an den Lederklappen, Mr Brunel", sagte Tom, der sich vor dem berühmten Mann fürchtete. „Im Winter werden sie trocken und brüchig. Und im Sommer schadet ihnen die Hitze."

„Verstehe", sagte Brunel. „Was ist das hier für ein Gestank?"

„Wahrscheinlich der Lebertran. Die Eisenbahn hat Leute angestellt, die an der Strecke entlanglaufen und die Lederklappen mit Seife und Lebertran einschmieren, damit sie geschmeidig bleiben und gut abdichten. Das riecht wirklich scheußlich!"

Die beiden liefen weiter, bis sie zu einem der Pumpenhäuschen aus Backstein kamen.

„Und das ist das andere Problem", brüllte Tom, um das Stampfen der Maschinen zu übertönen. Nervös drehte er seine schwitzenden Hände hin und her. „Nämlich die Rohre …"

„Was ist mit den Rohren?", brüllte Brunel zurück. Die riesige Dampfmaschine spuckte stinkenden schwarzen Qualm – wie ein wütender Drache. Keuchend und zischend saugten die Pumpen die Luft aus dem Rohr. Aber aus den Ventilöffnungen entwich nicht nur Luft! Brunel sah angewidert hin: Öliges Wasser, Rost … und tote Ratten!

„Wie sind die bloß da reingekommen?", schrie Brunel dem Jungen ins Ohr, obwohl er sich eigentlich schon denken konnte, was geschehen war. Nämlich eine Katastrophe: Hungrige Ratten hatten die Lederklappen angenagt, bis sie nicht mehr luftdicht waren. Wasser war in die Eisenrohre eingedrungen, und deswegen begannen sie zu rosten.

Wütend hastete der berühmte Ingenieur weiter, sodass der Junge neben ihm herlaufen musste. Plötzlich bückte sich Brunel, um das von den Ratten zernagte Leder zu prüfen. Tom starrte ihn entsetzt an. „Nein!", schrie er.

Die Hand des Ingenieurs schwebte über der Lederklappe, als Tom ihn am Arm packte.

„Beiseite, Junge!", schnauzte Brunel.

„Nicht berühren, ich bitte Sie!", stieß Tom hervor.

„Und wieso?"

Da begriff Brunel die drohende Gefahr. In dem undichten Rohr herrschte zwar kein Vakuum mehr, aber immer noch genügend Unterdruck, dass der Sog ihm mit Leichtigkeit die Finger hätte abreißen können. Plopp! Finger ab …

Wütend vor sich hin murmelnd, wich Brunel zurück – manche Dinge sind sogar für berühmte Ingenieure verboten!

Im Februar des Jahres 1848 teilte Brunel der Eisenbahn-Gesellschaft mit, alle Probleme seien so gut wie gelöst. Aber sieben Monate später verkündete er, das Projekt müsse leider eingestellt werden. Die netten alten Damen hatten ihr ganzes Vermögen verloren – und natürlich waren sie wütend!

Was also tat Brunel, um sie wieder zu besänftigen?

a) Er bot an, auf eigene Kosten eine neue Bahn zu bauen.

b) Er bot an, als Ausgleich auf sein Honorar für die Projektberatung zu verzichten.

c) Er versorgte sie bis an ihr Lebensende mit Lebertran.

Lösung: b) Brunel verzichtete „großzügigerweise" auf sein Honorar als beratender Ingenieur. Dadurch kam es natürlich zu einigen Reibereien – was nicht dasselbe ist wie Reibung. Darüber im nächsten Kapitel mehr.

Reichlich Reibung

Newton hat gesagt, dass ein Körper in Bewegung sich immer weiterbewegt, solange er nicht durch eine andere Kraft abgebremst wird. Diese bremsende Kraft nennt man Reibung – und nicht Reiberei. Das heißt: Wenn eine Reiberei in der Schule mit einer Prügelei endet, bei der zwei Körper in Bewegung aneinander geraten, dann ist das durchaus ein Fall von Reibungsreiberei.

Steckbrief

NAME: Reibung

WICHTIGSTE MERKMALE: Bei Berührung von Körpern in Bewegung entsteht Reibung. Kleinste Unebenheiten haften aneinander. Dabei verwandelt sich Bewegungsenergie in Wärmeenergie und Schall (also Geräusche).

NACHTEILE: Maschinen werden durch Reibung abgebremst oder zu heiß. Aber zu wenig Reibung kann auch problematisch sein. Wenn deine Fahrradbremse nicht mehr richtig greift, ist die Reibung am Reifen zu gering, um zu bremsen ... Hilfe!

Der Mann, der die Reibung entdeckte, hatte ein ziemlich aufreibendes Leben. Hier seine Geschichte:

Topstars der Physik:
Benjamin Thompson – Graf Rumford von Bayern (1753–1814), Amerikaner

Benjamin Thompson wurde in den Vereinigten Staaten geboren. Er arbeitete erst als Lehrer, hängte diesen Beruf aber nach einiger Zeit an den Nagel, um Medizin zu studieren. Außerdem war er ein begeisterter Turner – bis zum Unabhängigkeitskrieg (1775–1783), in dem die Amerikaner gegen die britische Herrschaft kämpften und die Anerkennung ihrer Eigenständigkeit forderten. Und auf wessen Seite war Benjamin? Hielt er zu den Amerikanern oder zu den Engländern?

Böse Zungen behaupten, er hielt zu beiden. Und zwar als Spion, der mal für die eine und mal für die andere Seite arbeitete – als Doppelagent sozusagen. Aber die Engländer hatten keine Ahnung davon, und nach dem Krieg erhob George III., der englische König, ihn sogar in den Adelsstand:

Aber Benjamin liebte die Aufregungen des Krieges und hatte keine Lust, in England zu „versauern", wie er sagte. Und was tat er? Ganz einfach! Er ging als Sonderberater in Kriegsangelegenheiten nach Bayern und wurde dort 1793 Kriegsminister.

Als Minister heckte er geniale Ideen aus. Bayerns Straßen waren voll mit Bettlern, und die Armee brauchte dringend neue

Uniformen. Also, fand Benjamin, konnte man die vielen Bettler doch dazu zwingen, Uniformen herzustellen. Allerdings mussten sie zu diesem Zweck auch ernährt werden. Nach langen Studien fand Benjamin heraus, dass wässrige Gemüsesuppe am billigsten war. Er war so begeistert von seiner Idee, dass er sogar ein Rezeptbuch veröffentlichte. Und es dauerte nicht lange, da hatte er einen zweiten genialen Geistesblitz.

Er ließ die Soldaten Kartoffeln anbauen, aus denen man Suppe machen konnte, um die Bettler zu ernähren, damit sie den Soldaten die Uniformen machen konnten. Benjamins Idee schlug voll ein – keiner fand ein Haar in seiner Suppe! Der schlaue Minister ließ sich noch ein paar andere tolle Dinge einfallen. Er erfand einen neuen Schornstein für Wohnhäuser, einen neuen Herd und einen Kaffeekocher, den man auf den Herd stellte.

Als Nächstes entdeckte er die Reibung – und das kam so:

Eines Tages sah Benjamin dabei zu, wie eine Kanone hergestellt wurde. Das Kanonenrohr wurde mit einem Bohrer ausgehöhlt. Benjamin spürte die Hitze, die das große Metallstück ausstrahlte. Zu dieser Zeit dachte man noch, dass Wärme eine unsichtbare Flüssigkeit sei. Aber Benjamin stellte fest, dass mehr Hitze entstand, wenn man einen stumpfen Bohrer benutzte. Und daraus schloss er messerscharf, dass die Hitze von dem Bohrer kam. Stimmt! Der stumpfe Bohrer hatte eine viel rauere Oberfläche. Und durch diese kleinen Unebenheiten entstand mehr Reibung und daher auch mehr Hitze.

Reibung oder Humbug?

So wie Benjamin Thompson ziehen Physiker oft Schlüsse aus den Dingen, die sie beobachten. Könntest du das auch? Hier ein paar alltägliche physikalische Vorgänge. Welche entstehen durch Reibung?

1 Reibung hilft dir dabei, ein Kartenhaus zu bauen.
2 Durch die Reibung ist es möglich, bei einem gedeckten Tisch das Tischtuch wegzuziehen, ohne dass etwas zu Bruch geht.

3 Durch die Reibung erhitzen sich elektrische Geräte.
4 Reifenprofile erzeugen Reibung auf der Straße. Dadurch kann das Auto besser gelenkt werden.
5 Der Mensch nutzt die Reibung zum Feuermachen.
6 Die Reibung erleichtert es einem Skifahrer, bergauf zu fahren.

7 Läufer nutzen die Reibung, um nicht auszurutschen.

8 Durch Reibung kann man sich an Schnee verbrennen.

Lösung: 1 Stimmt. Durch kleine Unebenheiten auf ihrer Oberfläche haften die Karten aneinander und auf dem Tisch – das liegt an der Reibung! Allerdings muss die Tischplatte wirklich waagerecht sein.

2 Humbug. Die eigene Trägheit und die Schwerkraft halten das Geschirr auf dem Tisch. Wenn du das Tuch schnell genug wegziehst, entsteht nicht genug Reibung, um die Teller mitzureißen. Aber es könnten auf jeden Fall Reibereien entstehen, wenn du diesen Trick zu Hause ausprobierst.

3 Stimmt. Wenn der elektrische Strom durch die Schaltkreise fließt, erzeugt er Reibung, die das Gerät erhitzt. Aus diesem Grund kann ein Fernseher in Flammen aufgehen, wenn du die Lüftungsschlitze abdeckst.

4 Humbug. Bei trockenem Wetter erzeugen glattere Reifen mehr Reibung. Die mit starkem Profil eignen sich besser für Regenwetter. Durch die Vertiefungen wird das Wasser weggeschaufelt, sodass der Reifen Kontakt mit dem Asphalt bekommt.

5 Stimmt. Einer unserer frühesten Vorfahren erfand diese heiße Methode des Feuermachens: Man reibt zwei Stöcke aneinander. Die Reibungshitze steckt trockenes Gras in Brand. (Herzen zu entflammen ist sehr viel schwieriger.)

6 Stimmt. Früher schnallte man beim Aufstieg Robbenfelle unter die Skier, um die Reibung zu erhöhen. Der Effekt: Man rutscht nicht so leicht ab. Heutzutage ist man robbenfreundlicher und verwendet zu diesem Zweck Kunststoffborsten.

7 Stimmt. Laufschuhe mit Spikes erhöhen die Reibung und schützen vorm Ausrutschen.

8 Stimmt. Leichtsinnige Skifahrer können Brandwunden davontragen, wenn sie zu schnell fahren und dann hinfallen. Bei schnellen Geschwindigkeiten kann so starke Reibungshitze entstehen, dass die Haut verbrennt, bevor der Schnee kühlend wirken kann.

Die perfekte Maschine

Und nun zu einem Nachteil der Reibung: Sie bremst Maschinen ab. Tja, Reibung ist leider der reinste Spielverderber für einen Physiker, der sein Leben lang darüber nachgrübelt, wie man die Maschine aller Maschinen baut: einen Apparat, der sich ohne Energiezufuhr von selbst ewig weiterbewegt: das Perpetuum mobile.

Im Zeitraum von 1617 bis 1906 gingen im Britischen Patentamt 600 Ideen ein, wie man ein Perpetuum mobile bauen könnte. Aber keines funktionierte.

Hier noch vier neue Ideen. Was meinst du, welche funktioniert?

1 Das Perpetuum-Fahrrad
Bei diesem Fahrrad kommt die Kraft von deinem Hintern, der mit dem Sattel rauf und runter wippt. Dadurch wird über einen Riemen das Hinterrad angetrieben. Mit diesem Rad kannst du ewig fahren (oder bis dein Hintern durchgewetzt ist).

2 Die Perpetuum-Pumpe
Eine Pumpe, die Wasser nach oben pumpt, das über ein Wasserrad abfließt und dadurch die Pumpe antreibt.

3 Die Perpetuum-Uhr
Veränderungen des atmosphärischen Drucks bewegen eine Glaskugel auf und ab, wodurch ein Hemmrad bewegt wird, das die Uhr aufzieht.

4 Die Perpetuum-Windmaschine
Von dem Windrad wird der Wind durch einen Trichter auf einen Propeller geblasen, der wiederum das Windrad antreibt.

Lösung: Maschine 3, nämlich die Uhr, wurde im Jahre 1765 gebaut – und sie tickt immer noch! Aber auch sie wird nicht ewig weiterlaufen. Und zwar aus folgendem Grund …

Frust durch Energieverlust
Dass eine Maschine von allein immer weiterarbeitet, verstößt leider gegen die Gesetze der Physik. Um genauer zu sein: gegen das zweite Gesetz der Thermodynamik. (Das ist die Wärmelehre – ein Zweig der Physik, der Wärme und Energie erforscht. Sehr spannend, für dieses Thema kann man sich echt erwärmen!) Dieses Gesetz besagt, dass die Energie einer Maschine verloren geht, und zwar in Form von Wärme und Schall (also Geräusche oder Krach) – und natürlich durch Reibung!

86

Die Uhr wird also eines Tages anhalten, weil ihr ganz einfach die Energie ausgeht … Übrigens: Das *erste* Gesetz der Thermodynamik besagt, dass man Bewegungsenergie in Wärme umwandeln kann. Stimmt: Wenn du deine Hände aneinander reibst, verwandelt sich die Bewegungsenergie deiner Hände mithilfe der Reibung in Wärme – ein nettes Gesetz, was?

Reiben oder Rutschen

Reibung bringt uns ja auch Vorteile. Bremsen, Reifen, rutschsichere Gummisohlen und Treibriemen in Maschinen – all das würde ohne Reibung nicht funktionieren.

Diese Bergreiberstiefel sind wirklich bequem und sicher!

Aber manchmal ziehen wir es vor, wenn die Dinge glatter laufen. Dazu gibt es Schmiermittel. Wenn man Maschinen ölt, werden die kleinen Unebenheiten, die Reibung verursachen, mit Öl aufgefüllt – dadurch werden die Oberflächen glatter und können besser aneinander vorbeigleiten.

Auf diesem Rutscheffekt beruhen die meisten Wintersportarten. Schlitten, Skier und Schlittschuhe gleiten vorwärts, weil sie unter den Kufen eine winzige Schicht Eis oder Schnee schmelzen. Auf diesem Wasserteppich segeln sie dann mit wenig Reibung dahin – das funktioniert allerdings nur so lange reibungslos (genauer: reibungs*arm*), bis man ausrutscht und hinfällt:

sehr wenig Reibung

jede Menge Reibung

Auch beim Stapellauf von Schiffen muss geschmiert werden. Aus diesem Grund bepinselte man im Mittelalter die Ablaufbahnen mit Tierfett. Wenn das Schiff zu Wasser gelassen wurde, übernahm ein Sklave die gefährliche Aufgabe, die Bremsklötze unter dem Schiff wegzuschlagen. Dann musste er sich schleunigst in Sicherheit bringen. Rutschte er auf dem schmierigen Holz aus, dann überrollte das Schiff ihn. Schaffte er es, bekam er die Freiheit geschenkt.

Wenig Reibung kann also fatale Folgen haben – zu viel Reibung allerdings auch. Wie zum Beispiel in der schönen Stadt Rom, wo sich vor vier Jahrhunderten Folgendes ereignete ...

Römisches Reibungsrisiko
Rom im Jahre 1586
2000 Jahre lang hatte der alte Obelisk westlich der Peterskirche im Staub gelegen, und niemand hatte mehr an ihn gedacht. Aber das hatte sich inzwischen geändert, denn der Papst war der Meinung, dass ein solches Monument vor der Peterskirche fantastisch aussehen würde. Das Problem war bloß: Wie sollte man ihn wieder aufrichten? Der Obelisk wog nämlich 327 Tonnen!

„Angeblich haben schon zwei Ingenieure den Job abge-
lehnt", murmelte der alte Roberto. „Sie meinten, es sei unmöglich."

„Kann ich nachvollziehen", erwiderte der junge Marco. Er
warf einen ehrfürchtigen Blick auf den riesigen Stein, über dem
man ein hohes Gerüst errichtet hatte.

„Tja, besser, wir versuchen es wenigstens", knurrte Roberto
und begann rasselnd zu husten. „Irgendwie muss man sein Geld
ja verdienen." Er und Marco waren unter den vielen hundert
Matrosen, die man angeheuert hatte, um den Obelisken zu heben. Sie packten das Seil.

Der Platz war umringt von Menschen. Tausende von Zu-
schauern jubelten, schwenkten ihre Taschentücher und warteten voller Ungeduld auf das große Ereignis.

Ein elegant gekleideter junger Mann sprang auf das Podium,
das man auf dem Platz errichtet hatte.

Roberto verzog sein knittriges, altes Gesicht. „Das ist Fontana, der Ingenieur, der behauptet hat, dass er es schafft – dieses
Großmaul!"

„Volk von Rom!", schrie der junge Fontana. „Heute werden
wir dieses erhabene Monument aus der Vergangenheit zurück-
holen! Matrosen, wenn ihr das Zeichen der Trompeten hört,
zieht an den Tauen. Ihr dürft erst aufhören, wenn die Glocke er-
tönt. Es ist absolut notwendig, dass diese Dinge schweigend geschehen. Es darf nicht gesprochen werden – bei Todesstrafe!"
Er deutete hinüber zu dem Schafott mit dem Galgen.

Die Menge schwieg entsetzt.

Der alte Roberto bekreuzigte sich. „Bisschen heftig!", flüsterte er.

Die Matrosen spuckten in die Hände. Die feuchte Spucke verminderte die Reibung zwischen dem Tau und den Handflächen – so würden die Männer sich beim Ziehen nicht die Finger verbrennen.

Die Trompete schmetterte ihr Signal. Der schrille Ton hallte über den Platz. Schweigend lehnten die Matrosen sich zurück und begannen zu ziehen. Die Taue knackten, die Winden quietschten, die Poller knarrten. Langsam, Millimeter für Millimeter, begann der riesige Stein sich zu heben.

Da kam das Signal von der Glocke. Alle ruhten sich kurz aus. Wieder das Schmettern der Trompete. Die Muskeln der Matrosen spannten sich, bis ihnen der Schweiß hinunterlief. Die verhängnisvolle Kastastrophe nahm ihren Lauf …

Plötzlich klemmten die Taue – die Reibung an den Winden hemmte ihre Bewegung, und sie kamen nicht mehr von der Stelle! Die Matrosen zogen und zogen, bis sie rot anliefen. Nichts bewegte sich. Die straff gespannten Taue ächzten und waren kurz davor zu reißen. Der Obelisk schwankte. Marco sah die Gefahr. „Wasser! Gießt Wasser auf die Seile!", schrie er. Da erst wurde ihm klar, was er getan hatte … Sein Leben war keinen Pfifferling mehr wert!

„Ergreift ihn!", brüllte Fontana. Vor lauter Anspannung und Enttäuschung überschlug sich seine Stimme. „Ergreift ihn, er hat das Schweigen gebrochen!"

Starke Arme packten den jungen Marco und schleiften ihn zum Galgen, wo der Henker ihn bereits erwartete. Die Menge stöhnte entsetzt auf, aber niemand wagte etwas zu sagen.

„Tut mir Leid", flüsterte Marco. Aber es war zu spät.

Der Henker legte ihm das raue Seil aus Hanf um den nackten Hals und zog die Schlinge straff.

Ein hagerer alter Priester berührte seinen Arm.

„Hast du einen letzten Wunsch?", murmelte er.

„Bitte, Pater", krächzte Marco. Sein Herz raste, und er brachte kaum noch einen Ton heraus. Sein Mund war wie ausgetrocknet, und die Schlinge erleichterte das Sprechen auch nicht gerade. „Bitte sagt ihnen, sie sollen Wasser auf die Winden gießen!"

„Ich weiß nicht, ob das möglich ist, mein Sohn."

„*Bitte* tut es!"

Die behelmten Soldaten begannen ihren Trommelwirbel – das Zeichen für den Beginn der Hinrichtung.

Der Priester eilte hinüber zu Fontana und sagte etwas zu ihm. Ungeduldig nickte der junge Ingenieur mit dem Kopf. Ein großer Krug Wasser wurde daraufhin über den Winden ausgekippt.

„Na los, lass es uns hinter uns bringen", sagte der Henker aufmunternd und schob Marco die Todesleiter hinauf.

Da ertönte wieder das Trompetensignal, und die Seile spannten sich erneut.

„Warum jubeln die Leute denn?", dachte Marco. Waren sie so begeistert, ihn sterben zu sehen?

Nein. Die Taue klemmten nicht mehr. Sie glitten problemlos über die Winden, und der Obelisk hob sich immer schneller, höher und höher. Unten an der Todesleiter tauchte plötzlich Domenico Fontana auf. Sein Gesicht war rot vor Scham.

„Lasst den Mann sofort frei!", rief er.

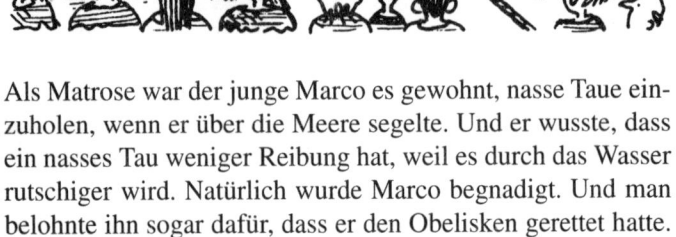

Als Matrose war der junge Marco es gewohnt, nasse Taue einzuholen, wenn er über die Meere segelte. Und er wusste, dass ein nasses Tau weniger Reibung hat, weil es durch das Wasser rutschiger wird. Natürlich wurde Marco begnadigt. Und man belohnte ihn sogar dafür, dass er den Obelisken gerettet hatte. Und was glaubst du, was seine Belohnung war?

a) Ein goldener Wasserkrug.

b) Ein Kaffeekränzchen beim Papst.

c) Ein eigenes Schiff.

Auch bei unserem nächsten Experiment geht es um Rutschen und Flutschen … (Aber Vorsicht – nicht ausrutschen!)

Teste selbst …
Wie man Reibung vermindert – guten Rutsch!
Du brauchst:

So gehst du vor:
1 Nimm den Plastikverschluss, und schnips ihn über das erste Tablett. Vorsicht: Er soll nicht fliegen, sondern Kontakt mit der Oberfläche haben!
2 Gieße vorsichtig ein paar Tropfen Speiseöl auf das Tablett. Verteile es mit dem Küchenpapier über die ganze Oberfläche, bis sie gleichmäßig glänzt.
3 Nun schnipps den Verschluss mit gleicher Kraft über das Tablett. Was stellst du fest?
4 Zerstampf die Banane zu Brei, und verteil sie mit dem Küchenpapier über das zweite Tablett – wieder schön gleichmäßig und glatt. Nimm nur so viel, wie du brauchst!
5 *(freiwillige Zusatzaufgabe)* Misch den Rest Bananenbrei mit Sahne und Zucker. Iss ihn auf. (Wissenschaftler müssen Opfer bringen.)

6 Nun schnips den Verschluss mit gleicher Kraft über das zweite Tablett. Was stellst du fest?

a) Sowohl das Öl als auch die Banane sind gute Schmiermittel. Der Plastikverschluss ist in beiden Fällen schneller.

b) Der Verschluss schlittert über das Öl, aber am Bananenbrei bleibt er kleben.

c) Der Verschluss bleibt am Öl kleben und schlittert über den Bananenbrei.

Lösung: a) Schmieröle werden aus Erdnüssen und Kokosnüssen gepresst oder aus bestimmten Teilen von Fischen hergestellt. In manchen Ländern verwendet man auch Bananen als Schmiermittel, weil sie ebenfalls rutschig sind – wie jeder weiß, der schon mal auf eine Bananenschale getreten ist.

WARNUNG VOR GEFAHREN!

Bitte teste deine Schmiermittel lieber nicht an folgenden Stellen:
1. Auf Schulkorridoren – der Boden ist rutschig genug!
2. Auf Stühlen von Lehrern.
3. Auf Treppen. Etwas zu halsbrecherisch!
All dies kann einen kraftlosen Erwachsenen zum Zerreißen anspannen.
A propos: Im nächsten Kapitel geht es ebenfalls um Spannung und Kraft ...

angespannter Lehrer

straff gespannte Krawatte

Dehnen und Strecken

Spann ein Gummiband zwischen deinen Fingern, und zieh vorsichtig an dem einen Ende. Das elastische Band speichert die Energie, die du beim Ziehen hineinsteckst. Jetzt lass los – die Energie wird frei und katapultiert das Band in die Luft. Huch! Leider kommt im falschen Moment dein Lehrer, und das Gummi landet auf seiner Nase. Sag ihm, dass es sich hier um ein wissenschaftliches Experiment handelt – er wird dich verstehen! Einer der ersten Wissenschaftler, die sich mit Elastizität (oder „Spannkraft") beschäftigten, war der Engländer Robert Hooke.

Topstars der Physik:
Robert Hooke (1635–1703), Engländer

Nach seinen Reibereien mit Newton (siehe Seite 22) wusste Robert Hooke über die Kraft von Spannungen sicher gut Bescheid. Aber dieser begnadete Wissenschaftler interessierte sich einfach für alles – angefangen bei Fernrohren bis hin zum Bau von Flugmaschinen, die nicht fliegen konnten. Unglaublicherweise arbeitete er auch als Architekt, als Sternforscher, Mechaniker und Modellbauer. Ja, der gute Robert war ständig unter Spannung!

Es heißt, in Robert Hookes Testament habe ein Satz in einer merkwürdigen Geheimschrift gestanden. Man entschlüsselte den Code und stellte fest, dass der Satz in Latein geschrieben war – dort stand nämlich: *Ut tensio sic vis.* Toll, was? … Wie bitte, du kannst kein Latein? Also gut, auf Deutsch bedeutet das in etwa: *Wie die Dehnung, so die Kraft.* Später fand man heraus, dass sich hinter dieser kurzen Formel Hookes Gesetz über die Elastizität verbarg: Häng ein Gewicht an eine Feder: Die Feder wird gedehnt. Häng das doppelte Gewicht an die Feder: Die Feder wird doppelt so weit gedehnt. Simpel – oder?

Teste selbst …
Was passiert, wenn etwas gedehnt wird? (Teil 1)
Du brauchst:
– dich selbst
– ein 0,5 cm dickes Gummiband

So gehst du vor:
1 Zieh das Gummiband ganz schnell auseinander.
2 Leg es an deine Wange.
Was passiert und warum?
a) Das Gummiband fühlt sich merkwürdig kalt an, weil du beim Spannen die ganze Energie herausziehst.
b) Das Gummiband fühlt sich warm an. Das liegt an der Energie, die du beim Spannen hineingesteckt hast.
c) Das Gummiband fühlt sich warm an, weil durch das Spannen an deinen warmen, schwitzigen Fingern Reibung erzeugt wird.

Lösung: b) Das Gummiband speichert für einen kurzen Moment Energie aus der Kraft, die es spannt. Diese Energie wird in Form von Wärme abgestrahlt – deswegen fühlt das Band sich warm an.

Teste selbst …

Was passiert, wenn etwas gedehnt wird? (Teil 2)

Diese Maschine zum Selberbauen nutzt die gespeicherte Energie eines gespannten Gummibandes, um sich fortzubewegen.
Du brauchst:

So gehst du vor:

1 Schneide von der Kerze unten ein 2,5 cm langes Stück ab.

2 Ziehe den Docht heraus, und vergrößere das Loch in der Mitte, bis das Gummiband durchpasst.

3 Ziehe das Gummiband durch das Kerzenstück und die Garnrolle.

4 Steck das Streichholz an der Garnrollenseite durch die Gummischlaufe, und klebe es mit einem Stück Paketklebeband fest.

5 Steck den Stift an der Kerzenseite durch die Gummischlaufe.

6 Verdrehe mit dem Stift in der Schlaufe das Gummiband, bis es straff sitzt. Nun stell die Maschine hin: Sie bewegt sich, während das Gummi sich wieder entdreht. Lass sie mehrmals bergauf fahren, und teste dabei raue und glatte Oberflächen. Was stellst du fest?

a) Auf glatten Unterlagen kommt die Maschine leichter den Hang hinauf.

b) Auf rauen Unterlagen kommt die Maschine leichter den Hang hinauf.

c) Die Maschine bewältigt überhaupt keine Steigungen.

Lösung: b) Die gespeicherte elastische Energie wandelt sich in Bewegungsenergie um, wenn das Band sich entdreht. Durch die Reibung an der rauen Unterlage hat die Maschine am Hang besseren Halt und kommt so leichter nach oben.

Spannen, Strecken, Gummizug

Hier noch ein paar weitere fantastisch elastische Infos zum Thema Spannen und Dehnen: Vor ein paar hundert Jahren gab es scheußliche Folterwerkzeuge, mit denen man bestraft wurde. Wer Pech hatte, kam zum Beispiel schon bei kleineren Vergehen auf die Streckbank: ein Brett mit Walzen an beiden Enden, auf dem man festgebunden und gestreckt wurde. Die äußerste Dehnung, die ein Mensch auf einer Streckbank je überstanden hat, waren 15 cm – danach springen die Gelenkköpfe aus ihren Höhlen. (Nein, in den öffentlichen Schulen gab es zum Glück keine Folterinstrumente – denn es gab keine öffentlichen Schulen.)

Im 18. Jahrhundert benutzte man Gummizwirn zum Nähen von Kleidern und Unterwäsche. Dummerweise löste sich das Gummi bei Hitze auf oder wurde bei Kälte so spröde, dass es brach.

1839 erfanden Chemiker eine Methode, Gummi haltbarer zu machen, und ab 1930 wurde der „Gummizug" in Korsetts und Unterhosen üblich. (Ein Korsett ist ein sehr eng anliegendes Kleidungsstück, das manche Frauen trugen, um ihren wallenden Körper in Form zu bringen. Vor der Erfindung des Gummizugs benutzte man Stücke von Walfischknochen, um das Korsett stabil zu machen.)

WARNUNG VOR GEFAHREN!

Frag deine alte Lehrerin nie, ob sie ein Korsett aus Walfischknochen trägt. Das hat fatale Folgen.

Nein, aber wenn ich dich erwische, trage ich ein Korsett aus Kinderknochen!

Heutzutage wird synthetisch hergestelltes Gummi auch zum Bungee-Springen benutzt. Bist du ein Bungee-Fan?

Wenn deine Antwort „Aaaaaaah, nein!" lautet, dann beneidest du Gregory Riffi sicher nicht. Der sprang 1992 über Frankreich aus einem Hubschrauber: Er stürzte sich 249 Meter in die Tiefe, an einem seidenen Faden, an dem sein Leben hing – einem Bungee-Seil.

Käpten, das Gummiseil ist weg! Ich hab stattdessen das aus Hanf genommen, okay?

Übrigens: Bungee-Springen ist normalerweise nicht gefährlich, wenn es von Experten durchgeführt wird. Allerdings können beim Springen ein paar kleine Adern in den Augen platzen, weil einem beim Fallen das Blut in den Kopf schießt.

Ein anderer Sport, der sich die Elastizität zu Nutze macht, ist das Bogenschießen.

Biegsame Bogen

1 Der Bogen wurde bereits vor dem Jahre 20 000 v. Chr. erfunden. Durch das Spannen der Sehne wird Energie gespeichert und dann beim Abfeuern auf den Pfeil übertragen. Dabei verwandelt sie sich in Bewegungsenergie.

2 Fünf Sekunden später steckt der Pfeil im Ziel – nicht sehr angenehm für das Ziel.

3 Im 10. Jahrhundert verbesserten die Türken den Bogen. Sie verwendeten Tiersehnen und Horn, verstärkt mit Holz. So wurde der Bogen biegsamer und ließ sich stärker spannen.

4 Inzwischen hatten die Europäer die Armbrust erfunden. Diese tödliche Waffe konnte einen Bolzen über 300 Meter weit katapultieren.

5 Aber das Spannen der Armbrust dauerte lange. Bis zum Abfeuern eines Bolzens verging eine halbe Ewigkeit. In dieser Zeit konnten normale geübte Bogenschützen ihre Gegner in null Komma nichts durchsieben.

6 Ein Waliser erfand schließlich den Langbogen. Diese Waffe hatte eine Reichweite von 320 Metern. Die Pfeile bohrten sich durch den Kettenpanzer, den die Ritter trugen. Auf kürzere Entfernungen durchschossen sie sogar Rüstungen.

7 Moderne Bogen werden ziemlich aufwändig hergestellt.

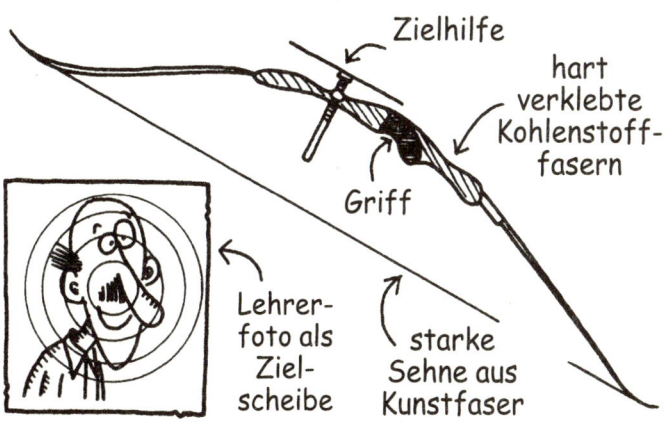

8 Beim Freistil-Schießen liegen die Bogenschützen auf dem Rücken, klemmen sich den Bogen über die Füße und spannen die Sehne mit beiden Händen.

Natürlich kann man Energie nicht nur durch Spannen speichern. Eine andere Möglichkeit ist, elastische Körper zusammenzudrücken – wie zum Beispiel eine Sprungfeder. Durch das Loslassen wird die Energie frei, und die Feder schnellt nach oben. Federn wurden übrigens schon vor 600 Jahren verwendet – und zwar in Mausefallen. Hier noch ein paar wissenswerte Fakten über Federn:

Sieben Fakten über Federn

1 Die ersten Toaster, die 1919 auf den Markt kamen, hatten kräftige Sprungfedern, die den Toast in die Luft katapultierten – manche Toastesser waren sicher weniger begeistert.

2 Federn können brechen. Bei einer billigen Feder ermüdet das Material nach circa 100 000 Dehnungen, bessere Federn bringen es auf 10 000 000 Dehnungen, bevor sie zusammenbrechen.
3 Die Federn in Federkernmatratzen sind geformt wie auf dem Kopf stehende Kegel: Sie werden nach unten hin schmaler. Dadurch lassen sie sich zunächst leichter eindrücken, aber je stärker die Belastung wird, desto weniger geben sie nach. Eine Matratze, auf der du als Leichtgewicht schön gemütlich und gut gefedert liegen kannst, könnte für einen schweren Erwachsenen hart und unbequem sein.

4 Kennst du die Zirkusnummer, bei der ein Mensch als lebendige Kanonenkugel durch die Arena geschossen wird? Natürlich wird die Kanone nicht wirklich abgefeuert, sondern eine Feder katapultiert den Artisten durch die Luft. Knall und Rauch werden durch Feuerwerk erzeugt.

5 Und hast du gewusst, dass wir Federn in den Beinen haben? Die Bänder, die deine Gelenke zusammenhalten, sind ein wenig elastisch, und deine S-förmige Wirbelsäule gibt beim Laufen ebenfalls nach – beides zusammen sorgt für einen federnden Gang!

6 In den 70er Jahren ließen zwei amerikanische Forscher Kängurus in Tretmühlen hüpfen und fanden heraus, dass sie mithilfe von sehr elastischen Sehnen springen, vergleichbar mit der Feder bei einem Springstock.

7 Auch beim Sport werden viele Dinge gebraucht, die federn können. Früher waren die Tennisschläger mit elastischem Schafdarm bespannt – die armen Schafe! Und Sportschuhe müssen natürlich auch gut gepolstert sein, um die Bewegungen des Sportlers abzufangen.

Schuhe mit Federung

Wo sind meine Joggingschuhe?

MIEF! STINK!

Fußbett mit federnden Luftpolstern

rutschfeste Gummisohle – erhöht die Reibung und damit die Bodenhaftung

Wenn dein großer Bruder merkt, dass du seine Sportschuhe zu wissenschaftlichen Zwecken zerlegt hast, schwingt er sicher seine Fäuste oder dreht dich durch die Mangel! So ein Zufall: Im nächsten Kapitel dreht sich alles um diese beiden Themen, nämlich um Drehen und Schwingen! Auf die Plätze, fertig, SCHWING!

Der richtige Dreh

Hast du je darüber nachgedacht, warum Autos keine quadratischen Reifen haben? Nein? Ich auch nicht. Tja, runde Reifen drehen sich besser. (Wer hätte das gedacht!) Außerdem haben die weiter außen liegenden Teile eines Rades eine größere Kraft an der Achse zur Folge. Und das ist ideal für alle Rad-Maschinen wie zum Beispiel Wassermühlen oder Autos. Über den richtigen Dreh gibt es noch eine ganze Menge zu sagen …

Kraft-Ausdrücke

Halt! Diese verdammte Erhaltung des Drehimpulses!

Hä? Wer hat was erhalten?

Lösung: Niemand. Die Münze rollt davon, und unser Physiker sagt, dass rollende Gegenstände dazu neigen, sich weiterzudrehen, bis eine andere Kraft sie abbremst. Das ist der Grund, warum Räder so wunderbar funktionieren.

Das Rad ist wirklich eine tolle Idee! Sein findiger Erfinder lebte wahrscheinlich um 3500 v. Chr. im Nahen Osten. Wenn ein Rad sich dreht, wirken gleichzeitig zwei Kräfte: die Zentrifugal- und die Zentripetalkraft. Klingt kompliziert? Mal sehen. Werfen wir mal einen Blick auf den Steckbrief …

Steckbrief

NAME: Zentrifugal- und Zentripetalkraft

WICHTIGSTE MERKMALE:
Stell dir vor, du lässt einen Ball an einer Schnur über deinem Kopf kreisen.

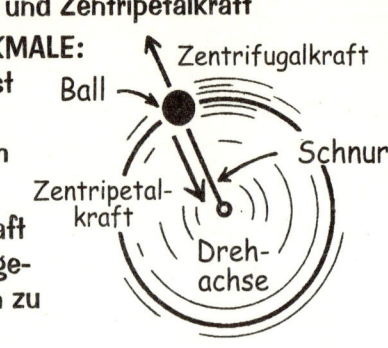

1. Die Zentrifugalkraft versucht, den Ball geradlinig nach außen zu schleudern.

2. Die Zentripetalkraft wirkt entgegengesetzt und zieht den Ball nach innen Richtung Drehachse.

Na und? Ich bin erst seit gestern Gaucho!

NACHTEIL FÜR RINDER:
Südamerikanische Gauchos fangen ihre Rinder mit einer Bola ein: Sie schleudern zwei Kugeln an einer Schnur, die sich um die Beine des Rindes wickelt. Eine Bola funktioniert mit Zentrifugal- und Zentripetalkraft.

Äh ... Welche Kraft zieht noch mal nach außen und welche nach innen?

Wenn du Probleme hast, Zentrifugalkraft und Zentripetalkraft voneinander zu unterscheiden, dann hilft dir dieser Vers:

Zentri-PE-tal will beim Drehen
immer nur nach innen gehen.
Zentri-FU-gal ist die Kraft,
die ein Ding nach außen schafft.

Teste selbst … Wie funktioniert eine Bola?
Du brauchst:
– zwei Kugeln aus Knetmasse, 2,5 cm im Durchmesser
– ein Stück starke Schnur, 52 cm lang

So gehst du vor:
1 Forme um jedes Schnurende eine Kugel aus Knete.
2 Drück die Knetmasse fest zusammen, damit sie an der Schnur haftet.
3 Jetzt kannst du mit den Wurfübungen beginnen. Halte die Schnur genau in der Mitte zwischen Daumen und Zeigefinger, und schwing sie über deinem Kopf. Lass los!

SAUUUUS!

Achtung! Bitte zuerst die
Warnung auf Seite 108 lesen!

WARNUNG VOR GEFAHREN!

1 Im Wohnzimmer zu üben könnte fatale Folgen für dich haben – jedenfalls, wenn dabei Mamas Lieblingsvase zu Bruch geht. Wir empfehlen Bola-Werfen in freier Natur.

2 Gauchos fangen Rinder – keine kleinen Brüder, Schwestern, Hunde oder Katzen! Bevor du nach Südamerika auswanderst, probiere die Gaucho-Fangtechnik erst mal an einem kleinen Baum aus.

Was stellst du bei deinen Bola-Baumfangübungen fest?
a) Durch die Zentripetalkraft fliegt die Bola geradeaus. Mithilfe der Zentrifugalkraft wickelt sie sich um den Baumstamm.
b) Durch die Zentrifugalkraft fliegt die Bola geradeaus. Mithilfe der Zentripetalkraft wickelt sie sich um den Baumstamm.
c) Durch die Zentrifugalkraft fliegt die Bola zuerst geradeaus, kehrt dann aber mithilfe der Zentripetalkraft zurück wie ein Bumerang.

Lösung: b) Wenn du loslässt, schleudert die Zentrifugalkraft deine Bola mit hoher Geschwindigkeit geradeaus. Wenn die Schnur den Baumstamm trifft, zieht die Zentripetalkraft die beiden Kugeln nach innen – deswegen wickeln sie sich um den Baum.

Immer im Kreis herum

Wirf doch mal einen Blick auf die Straße – was siehst du? Unmengen von Autos, Bussen, Fahrrädern. Das Rad ist die erfolgreichste, genialste Erfindung des Menschen – nicht nur zur Fortbewegung: Windmühlenräder fangen Windenergie ein, Drehwinden holen Anker ein. Räder sind überall und werden für alles Mögliche gebraucht. Hier ein paar erstaunliche Beispiele:

Rollen und Räder

1 Das Riesenrad, das du von Jahrmärkten kennst, ist eine russische Erfindung aus dem 17. Jahrhundert. Die Idee ist angeblich aus der alten russischen Sitte entstanden, Kinder in den Schaufeln von Wasserrädern fahren zu lassen. Sonst schöpfte man mit den Schaufeln das Wasser aus den Flüssen. Wenn sich das Rad zu schnell drehte, wurden die Kinder durch die Zentrifugalkraft aus den Schaufeln geschleudert, und sie landeten im Fluss.

2 Im Jahre 1893 konstruierte der amerikanische Schausteller George Ferris ein 75 Meter hohes Riesenrad, das für eine ganze Umdrehung 20 Minuten brauchte. Sehr viel Zentrifugalkraft entstand dabei nicht, aber damals waren Jahrmarktsbesucher auch noch nicht so schleuderfreudig wie heute.

109

3 Im 18. Jahrhundert erschien der durchgedrehte Erfinder Joseph Merlin uneingeladen auf einer Party, um seine neu erfundenen Rollschuhe vorzuführen. Er segelte Geige spielend über den frisch gebohnerten Fußboden dahin und fühlte sich dabei unglaublich cool – bis er in einen Spiegel hineinschlitterte. Merlins Problem: Seine Rollschuhe rollten auf dem gebohnerten Boden optimal, und die Reibung war zu gering, um ihn zu bremsen.

4 Durch die Kraft eines sich drehenden Rades kann man alle möglichen Maschinen antreiben. Im 19. Jahrhundert ließ man Gefangene in Treträdern laufen – eine endlose Arbeit. In manchen Schiffen wurden die Pumpen durch Gefangene in Treträdern bedient! Wenn das Schiff ein Leck hatte und sank, mussten sie bis zum Untergang die Wasserpumpen antreiben.

Die Zentrifugalkraft ist keine ECHTE Kraft, sondern in Wirklichkeit bloß ein Beispiel für Newtons erstes Gesetz: Jeder Gegenstand will sich geradlinig weiterbewegen. Wenn du also einen Film siehst, in dem ein Cowboy sein Lasso durch die Luft sausen lässt, dann denk daran: Die Kraft, die das Lasso fliegen lässt, ist eigentlich gar keine!

Teste deinen Lehrer

Dies ist wirklich ein einfacher Test, den jeder Lehrer zu 50 Prozent bestehen sollte – selbst, wenn er einfach nur rät und sonst keinen blassen Schimmer hat. Es gibt nämlich nur zwei mögliche Antworten, und zwar „Zentrifugalkraft" oder „Zentripetalkraft".

1 Mithilfe welcher Kraft trennt man im Labor rote Blutkörperchen vom Blutplasma? (Das Plasma ist die Blutflüssigkeit.)
2 Weshalb schwingt ein Pendel in Zentralafrika langsamer als in Europa? (Das tut es tatsächlich!)
3 Welche Kraft hält dein Fahrrad auf der Straße, wenn du dich seitlich in die Kurve lehnst?

4 Durch welche Kraft kannst du während einer Achterbahnfahrt auf dem Kopf stehen, ohne herauszufallen – sogar, wenn du nicht angeschnallt bist?

5 Welche Kraft lässt ein Raumschiff nicht fallen?

6 Welche Kraft klebt dich in einem Rotor an der Wand fest? (Das ist dieses Karussell, das wie eine Wäschetrommel funktioniert. Wenn es sich um die eigene Achse dreht, klappt der Boden unter einem weg, und man bleibt an der Wand hängen.)

Lösung: 1 Mithilfe der Zentrifugalkraft. Die Maschine, in der dies geschieht, nennt man Zentrifuge. Sie wirbelt mit hundert Umdrehungen pro Minute um die eigene Achse, wodurch die schwereren Teile des Blutes im Reagenzglas nach unten sinken – die Blutflüssigkeit ist leichter und schwimmt oben. Nach demselben Prinzip trennt man auch Sahne und Milch. (Aber nicht in derselben Zentrifuge!)

2 Wegen der Zentrifugalkraft. Dein Lehrer kriegt einen Extrapunkt, wenn er erklären kann, wie es funktioniert: Auf Grund der Zentrifugalkraft, die bei der Erdumdrehung entsteht, beult sich die Erde am Äquator (also in ihrer Mitte) ein wenig nach außen. Deswegen ist die Schwerkraft dort etwas stärker als anderswo, daher die unterschiedlichen Geschwindigkeiten des Pendels. Diese Theorie stammt von Newton und wurde 1735 bewiesen, als die französische Regierung Expeditionen nach Lappland und Peru schickte, um die Pendelschwingungen zu vergleichen.

3 Die Zentripetalkraft. Die Zentri*fugal*kraft ist die Kraft, die dich vom Rad wirft, wenn du versuchst abzubiegen, ohne dich in die Kurve zu legen.

4 Die Zentrifugalkraft presst dich in deinen Sitz, solange sich die Achterbahn bewegt. Würde sie ganz oben im Looping anhalten, würdest du aus dem Wagen fallen – deswegen muss man angeschnallt sein.

5 Die Zentrifugalkraft. Es funktioniert genau wie beim Looping der Achterbahn. Die Schwerkraft der Erde zieht das Raumschiff an, und es fällt, aber der Impuls des Raumschiffs drückt es geradlinig von der Erde weg. Beide Kräfte zusammen bewirken, dass das Raumschiff die Erde umkreist.

6 Die Zentripetalkraft der Wand, die gegen dich drückt, während du im Kreis herumgewirbelt wirst.

113

Kleine Frage für die kleine Pause

Wenn du deinem Lehrer in der kleinen Pause mit einer schlauen Frage auf die Nerven gehen willst, dann probiere es doch mal mit dieser hier:

Lösung: Unglaublich, dass zwei der berühmtesten Wissenschaftler sich über diese Frage jahrelang den Kopf zerbrochen haben, nämlich die beiden Nobelpreisträger Albert Einstein (1879–1955) und Erwin Schrödinger (1887–1961). Im Jahre 1926 stellte Frau Schrödinger ihrem Erwin diese Frage, und er wusste keine Antwort. Also fragte er Einstein. Nach vielen Berechnungen fand Einstein schließlich die Lösung und schrieb 1933 sogar einen Artikel darüber.

Nach Einstein werden die Teeblätter durch die Zentrifugalkraft nach außen an die Seiten der Tassen gedrückt. Aber die Reibung zwischen der Flüssigkeit und der Porzellanwand bremst die Teeblätter unten am Boden und an den Seiten der Tasse ab. Dadurch wird die Zentrifugalkraft abgeschwächt. Wenn die Flüssigkeit aufhört, sich zu drehen, zieht die Zentripetalkraft die Blätter zur Mitte. Wow! Und du hast gedacht, dass eine Tasse Tee nichts Besonderes ist!

Schwingen und pendeln

Im Jahre 1586 saß der 17-jährige Galilei (genau, der berühmte Forscher mit dem Fernrohr!) im Dom von Pisa und langweilte sich bei einer Predigt zu Tode. Ihm fiel auf, dass der Kerzenleuchter an der Decke im Luftzug hin und her schwang. Mal mehr, mal weniger. Aber jedes Mal schien das Schwingen gleich lange zu dauern.

Also stoppte der junge Galilei die Geschwindkeit der Pendelbewegung mit seinem Puls. Und tatsächlich: Sie war immer gleich! (Machst du, wenn du dich langweilst, auch immer solche Entdeckungen? Dann wird vielleicht ein Forscher aus dir!)

Diese Erkenntnis nutzte Galilei, um eine neue Art von Uhr zu bauen: die Standuhr mit einem Pendel, das die Zeit maß.

1650 verbrachten zwei Priester einen ganzen Tag damit, die Schwingung eines Pendels zu zählen und zu testen, ob es die Zeit wirklich gleichmäßig maß. Das tat es, und die beiden zählten 87 998 Schwingungen.

Aber ein wenig widerstandsfähiger Wissenschaftler hatte mit dem Pendel noch viel erstaunlichere Dinge vor …

Topstars der Physik: Jean Bernard Léon Foucault (1819–1868), Franzose

Der kleine Jean war ein kränkliches Kind. Und weil seine Eltern glaubten, dass er die Schule nicht lange überleben würde, ließen sie ihn zu Hause unterrichten. Aber Foucault war als Schüler nicht gerade eine Leuchte. Eine Zeit lang machte er überhaupt keine Fortschritte. Sein Wunsch, Arzt zu werden, fand ein jähes Ende, als er bei einer Operation aus dem Saal flüchtete. Ein kleiner Blutspritzer, ein bisschen Leid – schon brach der zart besaitete Jean in Tränen aus.

Aber Foucault liebte es zu schreiben, also wurde er Journalist und schrieb über Naturwissenschaften. Außerdem begann er, sich für Experimente zu interessieren. Er maß die Geschwindigkeit des Lichts und versuchte, die Sterne zu fotografieren. Seine nächste Idee war, mithilfe eines Pendels zu beweisen, dass die Erde sich einmal am Tag um sich selbst drehte. Obwohl jeder davon ausging, dass sie es tat, hatte noch nie jemand probiert, es wirklich nachzuweisen.

1851 führte Foucault ein erstaunliches Experiment durch. Er hängte eine Stahlkugel mit einem Durchmesser von 60 cm und einem Gewicht von 30,4 Kilo im Pantheon von Paris auf, einer Kirche mit hoher Kuppel, in der viele berühmte Franzosen begraben sind.

Foucaults geheimes Tagebuch

Der Abend davor ...

Letzte Vorbereitungen für den großen Tag. Ein mutiger Mann steigt die Leiter hinauf und prüft, ob das Drahtseil oben richtig an der Kuppel befestigt ist. Das Pendel ist mit einer Schnur an der Wand vertäut.

WICHTIG: Das Pendel darf nicht umherschwingen, bevor das Experiment richtig beginnt.

Die Nacht davor ...

Kann vor Aufregung nicht schlafen. Habe Monate gebraucht, um das alles vorzubereiten. Sogar Kaiser Napoleon III. musste seine Zustimmung geben.
Hoffentlich klappt es!

Die Presse kommt auch! Auweia, wenn mein Experiment misslingt, bin ich Frankreichs größte Lachnummer!

Presse

Am nächsten Morgen ...

Sand

Stehe früh auf – stöhn! Allerletzte Vorbereitungen: Sand streuen. Gespräch mit den Reportern. Ich sage, alles wird klappen. Oh Gott, hoffentlich! Was, wenn das Pendel stehen bleibt?

Vormittag ...

Hilfe, so viele Leute! Alle wollen mein Experiment sehen. Muss eine kleine Rede halten. Endlich: Ich stecke die Halteschnur in Brand. Meine Finger zittern. Au – ich hab mich verbrannt! Hoffentlich kein böses Omen.

WICHTIG: Pendel nicht mit Hand schubsen! (Könnte schief schwingen.)

WICHTIG: Die Spur im Sand muss breiter werden. Die Richtung der Pendelschwingung ist immer gleich, aber durch die Erdumdrehung dreht sich der Boden unter dem Pendel weg.

Mittag ...

Kann die Augen nicht vom Pendel lassen. Es schwingt sehr langsam. Die Spitze hinterlässt ihre Spur im Sand ...

Spur

Schwingt immer noch. Die Zeit kriecht dahin.
Zähle die Schwünge, wie Schäfchen.
Ich nicke ein. Gähn – hätte heut Nacht
mehr schlafen müssen.

ZZZZZZZZZZZ

zzzzzzz

Eine Stunde später …

Schwingt immer noch. Nichts passiert. Ich hätte es
wissen müssen! Vielleicht kann ich dem Pendel heimlich einen Schubs geben, wenn keiner guckt! Hilfe!
Der Kaiser starrt mich wütend an. ICH BIN ERLEDIGT!
PAAAANIK!

wütender
Kaiser

träumt

Aber dann … Ich öffne die
Augen. Puh! Hab wohl bloß
geträumt. Alle reden und
zeigen auf die Sandspur! DIE
SPUR IST BREITER GEWOR-
DEN! ICH BIN
GERETTET!!!

Die Erde dreht sich wirklich!
JIPPIIIIH! Ich könnte tanzen
und jeden küssen!

Plötzlich war Foucault ein Held, und man verlieh ihm die *Légion d'Honneur*-Ehrenmedaille! Als Nächstes erfand er Gyroskope – sie funktionieren nach dem Kreisel-Prinzip, wie du gleich sehen wirst. Und kreiselnde Kreisel und überhaupt alle Dinge, die sich drehen, sind für einen verrückten Physiker genau das richtige Spielzeug ...

Kreisel-Künste

Physiker lieben ihre Spielzeuge über alles – und sie behaupten, all diese netten kleinen Gerätschaften seien ein wichtiger Teil ihrer wissenschaftlichen Forschung. Jaja ...

Eine ganze Menge Spielzeuge nutzen die Drehkraft, wie zum Beispiel das Jo-Jo, Hula-Hoop-Reifen oder Frisbeescheiben. Und Kreisel natürlich. Ein Kreisel war das Lieblingsspielzeug des Nobelpreisträgers Wolfgang Pauli (1900–1958), der die Gesetze der Trägheit erforschte.

Hier nun ein paar wichtige Fakten über Kreisel ... Ein Kreisel balanciert aufrecht, weil sein Drehimpuls ihn in Bewegung hält. Erinnerst du dich an die rollende Münze des Physikers auf Seite 105? Genauso dreht sich ein Kreisel, obwohl die Gravitation ihn nach unten zu ziehen versucht. Größere Kreisel brauchen mehr Energie, um in Gang zu kommen, drehen sich aber länger. Weltweit ist der Kreisel ein beliebtes Spielzeug für Kinder. Hier stellen wir ein typisches Eskimospiel vor – vielleicht willst du es an einem kalten Wintertag auch mal ausprobieren …

Du brauchst:
– ein Iglu
– einen Kreisel

Iglu   **Kreisel**

Dreh den Kreisel, renn um das Iglu (oder um dein Haus herum) und versuche, wieder bei dem Kreisel zu sein, bevor er umfällt. (Falls du am Nordpol bist: Vorher warm anziehen, sonst könnte das Spiel mit Frostbeulen enden.)

Der Kreisel ist längst umgefallen!

Im Jahre 1743 erfand der Engländer John Smeaton (1724–1794) eine Art Kreisel, der selbst bei stürmischem Seegang in der Waagerechten blieb. Daran konnten Seeleute ablesen, wo sich der Horizont befand, um dann die Position der Gestirne zu bestimmen und damit den Kurs des Schiffes. Doch die neue Erfindung wurde leider ein Flop, weil die Seefahrer nicht geschickt genug waren, den Kreisel zum Drehen zu bringen.

Aber Smeatons Geistesblitz war immerhin die Vorstufe des Gyroskops, das heutzutage in vielen Schiffen und Flugzeugen verwendet wird. Das Gyroskop, eine Erfindung von Foucault,

arbeitet wie eine Reihe von Kreiseln, die senkrecht stehend aufeinander balancieren. Mit ihrer Hilfe ist es für Seefahrer sehr
leicht, einen geraden Kurs einzuhalten. Die Räder deines Fahrrades funktionieren sehr ähnlich: Solange sie sich drehen, fallen sie nicht so leicht um und halten sich gerade. Sogar bei einer Krafteinwirkung von außen fangen sie vielleicht nur an zu
schlenkern. Physiker nennen dies die „Präzession" – das ist die
Taumelbewegung eines sich drehenden Gegenstandes.

Schon gewusst?

*Je kleiner der Radius einer Drehung, desto höher die
Geschwindigkeit. Deshalb ziehen Eiskunstläufer bei
Pirouetten die Arme ein, wenn sie schneller werden
wollen. Dadurch wird der Drehkreis kleiner, und die
Drehgeschwindigkeit nimmt zu. Du kannst diesen Effekt
auch nach dem Geschirrspülen beobachten, wenn du
das Wasser ablaufen lässt: Über dem Abfluss entsteht
ein Strudel, bei dem das Wasser sich zur Mitte hin immer schneller dreht.*

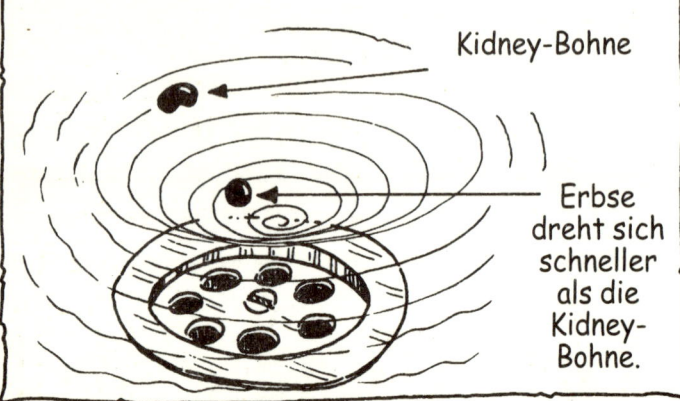

Kidney-Bohne

Erbse
dreht sich
schneller
als die
Kidney-
Bohne.

Sprungkraft

Was ist immer zu einem Spielchen aufgelegt und verkraftet so manchen kräftigen Tritt? Nein, nicht dein Sportlehrer – sondern ein *Ball*. Bälle sind echte Kraftspezialisten, denn sie rollen, drehen sich und können springen. Hier ein paar spannende Infos über die Sprungkünste von Bällen …

Steckbrief

NAME: Springen

WICHTIGSTE MERKMALE: Wenn ein Gummiball auf den Boden fällt, werden seine elastischen Gummimoleküle zusammengedrückt. Sie speichern die elastische Energie des Aufpralls kurz – und geben sie wieder ab: Der Ball springt.

NACHTEILE: Die ersten Kaugummis wurden aus Chicle hergestellt, dem Milchsaft des Sapotillbaumes. Die Amerikaner versuchten, richtiges Gummi aus Chicle herzustellen, aber das Ergebnis war nicht elastisch genug. Seither wurde Chicle nur noch gekaut.

Immer am Ball bleiben

Wenn ein Ball durch die Luft fliegt, passieren erstaunliche Dinge. Neugierige Wissenschaftler haben einen Haufen Forschung investiert, um diese geheimnisvollen Phänomene aufzuklären.

Steckbrief

NAME: Fliegende Bälle

WICHTIGSTE MERKMALE: Wenn du einen Ball wirfst oder schießt, entsteht durch Reibung ein Luftwiderstand. Die Folge: Dein Ball wird abgebremst. Gleichzeitig zerren wirbelnde Luftströme an ihm, wodurch er unruhig fliegt.

NACHTEILE: Ein Baseball, den man schlägt, kann mit 145 km/h durch die Luft sausen. Nicht ohne Handschuhe fangen!

Jeder Physiker wird dir sagen, dass Ballspiele eine ganze Menge mit Kräften zu tun haben. Wir haben unseren Lieblingsphysiker gebeten, einmal vorzuführen, wie sich ein Sportler die Erkenntnisse der Wissenschaft zu Nutze machen kann – zum Beispiel beim Tennis. Er war allerdings der Meinung, dass man sich dabei ja nicht unbedingt körperlich anzustrengen braucht. Ein gut arbeitendes Gehirn und ein kleiner Rechner würden schon reichen. *Ach ja?*

Physikalischer Tennisunterricht

Die Nähte eines Tennisballs sind gleichmäßig um den Ball verteilt. So kann die Luft auch gleichmäßig um ihn herumströmen; er fliegt gerade. Wenn du den Schläger beim Schlagen nach unten bewegst, dreht sich der Ball rückwärts, während er nach vorne fliegt. So wird Luft über den Ball gezogen. Je schneller der Luftstrom ist, desto mehr sinkt der Luftdruck über dem Ball. Gleichzeitig nimmt der Luftdruck unter dem Ball zu. Das nennt man *Auftrieb*.

Beim Abwärtsschlag dreht sich der Ball rückwärts.

Ich hab den Auftrieb wohl unterschätzt!

Rückwärtsdrehung erzeugt „Auftrieb", weil der Luftdruck unter dem Ball größer ist als über ihm.

Wenn du den Schläger nach oben ziehst, erreichst du eine Vorwärtsdrehung des Balles, während er nach vorne fliegt. Dadurch wird die Luft unter den Ball gezogen. Der Luftdruck über dem Ball nimmt mit steigender Geschwindigkeit zu, der Ball wird nach unten gedrückt und schlägt schneller auf.

Ich hab die Geschwindigkeit unterschätzt!

Beim Schlag nach unten dreht sich der Ball vorwärts.

Durch die Vorwärtsdrehung schlägt der Ball schneller auf, weil die Luft ihn nach unten drückt.

125

Wenn du den Ball mit dem Schläger nur streifst, hüpft er nach dem Aufkommen besonders langsam. Also ist er auch leichter zu treffen.

Gut gepolstert
Wenn du der Meinung bist, Sport sei Mord, dann fehlt dir vielleicht die richtige Kleidung. Hier eine Liste mit Schutzpolstern, die du bei einigen Sportarten brauchst …

• Schulterpolster und Schienbeinschützer, wenn du American Football spielst.

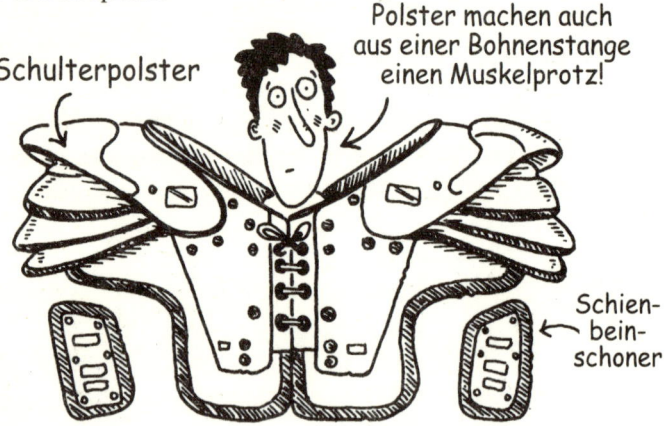

Schulterpolster

Polster machen auch aus einer Bohnenstange einen Muskelprotz!

Schienbeinschoner

• Ohne Zahnschutz brauchten Boxer nach jedem Wettkampf ein neues Gebiss.

Kein Problem

- Amerikanische Footballspieler tragen Helme mit Visieren, die das Gesicht schützen.

Visier zum Schutz des Gesichts

bruch-sicheres Plastik

- Die gewölbte Form verteilt die Kraft eines Schlages über den ganzen Helm. Dadurch bleibt der Kopf unverletzt.
- Bei dem englischen Schlagballspiel Kricket tragen die Spieler eine Schutzkappe über den Geschlechtsteilen. Äußerst nützlich, denn ein Kricketball fliegt mit bis zu 160 km/h!

Getroffen?

Jaaaaa!

mit Schutz

ohne Schutz

Hier noch ein paar fantastische Fakten über Bälle: Kleine Ballkunde

1 Die Römer stellten die ersten Bälle her. Sie nähten Tierhaut-stücke zu einer Kugel zusammen und füllten sie mit Luft. Im

Mittelalter nahm man Schweineblasen als Bälle. Uäh – wer musste wohl die Luft reinpusten?

Wichtig!
Schweineblase unbedingt vorher leeren!

2 Die ersten Golfbälle bestanden aus Leder und waren mit gekochten Hühnerfedern gefüllt. Sie flogen ausgezeichnet, solange es nicht regnete. Bei Nässe wurde das Leder mit der Zeit brüchig und bekam Risse. Dann regnete es bei jedem Schlag faulige Federn.

3 Um 1850 kam man auf die Idee, Golfbälle aus Kautschuk zu machen. Aber sie flogen nicht so gerade wie die alten Bälle. Gut flogen sie erst, wenn die Bälle alt und zerkratzt waren.

4 Woran lag das? Schließlich fand man heraus, dass sich in der rauen Oberfläche der zerkratzten Bälle kleine Luftlöcher bildeten. Wenn die wirbelnden Luftströme an der Luft in diesen Vertiefungen vorbeiglitten, flog der Ball tatsächlich besser und schneller. Aus diesem Grunde haben die Golfbälle heutzutage kleine Dellen.

5 In England ist *Kricket* sehr beliebt. Aber auch ein Kricketball verhält sich auf seinen Flügen zuweilen etwas merkwürdig. Normalerweise fliegt er einfach geradeaus. Aber bei hoher Geschwindigkeit beginnt er durch die Turbulenzen der vorbeiströmenden Luft zu schlingern, wenn der Rand der Naht zu glatt ist. Aus diesem Grund reiben manche Kricketspieler den Ball an ihrer Hose ab.

6 Bei Geschwindigkeiten ab 100 km/h gerät der Kricketball noch mehr ins Schleudern, besonders wenn der Rand der Naht zu rau ist. Deswegen reiben manche Kricketspieler den Ball mit Erde ein. (Erlaubt ist das nicht!)

7 In Amerika spielt man *American Football*, das sich aus dem englischen *Rugby* entwickelt hat. Dieser Ball ist nicht rund, sondern läuft an den Enden spitz zu. Wenn man ihn nach vorn schleudert, macht er beim Aufkommen unberechenbare Sprünge, mal höher, mal tiefer.

8 Wozu soll das gut sein? Ganz einfach: Dadurch kriegt man den Ball nicht so leicht – besonders, wenn einem dabei auch noch 20 riesige Kerle auf den Kopf springen, wie das beim Football üblich ist. Ein Vorteil: Ein ovaler Ball lässt sich einfacher werfen. Wenn man ihn mit einer Spitze nach vorne schleudert, saust er durch die Luft wie eine überdimensionale Gewehrkugel. Ein Nachteil: Mit ovalen Bällen kann man nicht so leicht jonglieren …

Teste selbst … Wie jongliere ich?

Als Jongleur kannst du wunderbar beobachten, wie sich Kräfte auf Bälle in der Luft auswirken. Versuch doch mal, jonglieren zu lernen! Sag deinen Eltern, du machst Hausaufgaben, zieh dich in dein Zimmer zurück … und los!

Du brauchst:
– dich selbst
– etwas zum Jonglieren. Am besten drei kleine Bälle, die gut in deine Hand passen. Oder probiere es mit zusammengerollten Socken.
– viel Platz
– einen Spiegel

VORSICHT: Wenn du lernst zu jonglieren, solltest du die Gegenstände, mit denen du übst, sehr sorgfältig auswählen. *Nicht* geeignet sind: teures Porzellan von deiner Oma, Lebensmittel (schon gar nicht während einer Mahlzeit) oder Kleinstlebewesen wie Hamster, Goldfische, kleine Brüder oder Schwestern …

So gehst du vor:
1 Stell dich vor den Spiegel. Drücke die Ellbogen an deinen Körper, und hebe Unterarme und Hände auf Hüfthöhe. Jetzt die Beine ein bisschen auseinander, die Knie leicht beugen! Locker bleiben! Bist du so weit?

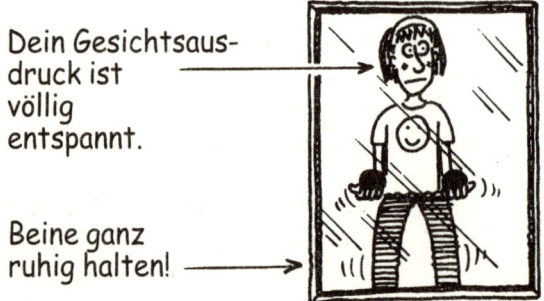

2 Atme tief ein und dann wieder aus. Gut so … schön entspannen. Nun wirfst du den Ball über deinen Kopf – ohne dabei auf deine Hände zu gucken! Schau dir an, wie er unter dem Einfluss der Schwerkraft in der Luft einen Bogen beschreibt – genau wie die Kanonenkugeln, die Galilei beobachtet hat, erinnerst du dich? Fang den Ball mit der anderen Hand auf, aber richte deine Augen immer auf den höchsten Punkt der Flugbahn deines Balls … Okay, das war noch einfach.

3 Jetzt wird's ein bisschen schwieriger. Mit zwei Bällen zu jonglieren erfordert ein bisschen Übung. Wirf den ersten Ball nach oben, wie gerade beschrieben. Wenn er am höchsten Punkt ist und gerade zu fallen beginnt, wirfst du den zweiten Ball mit der anderen Hand. Idealerweise sollte er genau unter dem ersten Ball durchfliegen.

4 Okay, das musst du ein bisschen üben. Am besten jetzt gleich.

5 Jetzt kommt das *wirklich* Komplizierte: Jonglieren mit drei Bällen. Bist du so weit? Gut. In der einen Hand hältst du einen Ball und in der anderen zwei. Zuerst machst du alles wie in Schritt 3.

6 Und jetzt kommt der Kniff: Wenn Ball 2 am höchsten Punkt ist und gerade zu fallen beginnt, wirfst du den dritten und versuchst ihn genau unter den zweiten zu bekommen. Inzwischen fängst du Ball 1 auf und wirfst ihn wieder hoch, wenn Ball 3 zu fallen beginnt – kinderleicht!

7 Fantastisch, weiter so!

Wenn du dies alles im Schlaf kannst, dann guck beim Jonglieren ins Buch, und lies ein paar interessante Infos über dein neues Hobby:

1 Mehr als zehn Bälle konnte bislang niemand in der Luft halten. Dieses Kunststück brachten mehrere Leute fertig, darunter der amerikanische Jongleur Bruce Sarafian im Jahre 1996.

2 Im 19. Jahrhundert jonglierte ein amerikanischer Schausteller namens Kara mit seinem Hut, einer brennenden Zigarre, Handschuhen, einer Zeitung, einer Streichholzschachtel und einer Kaffeetasse! Versuch lieber nicht, es nachzumachen …

3 Übrigens kann man auch die Füße zum Jonglieren benutzen. Dieses Kunststück wurde von einem amerikanischen Artisten namens Derious entwickelt. Auf dem Rücken liegend, kann man auf diese Art auch ziemlich schwere Dinge jonglieren – sogar kleine Kinder!

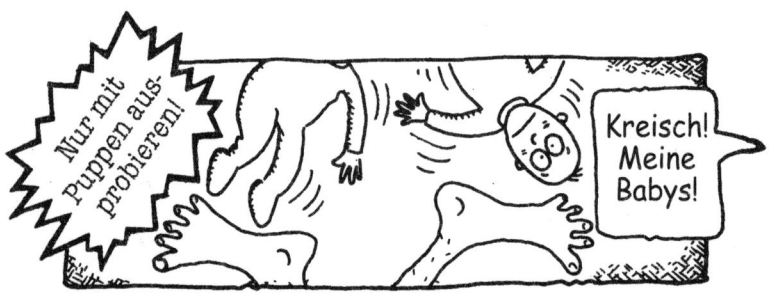

Früher oder später wird man eine Jongliermaschine erfinden. Dann können die Menschen sich über fliegende Bälle oder Kinder freuen, ohne sich anstrengen zu müssen. Das ist typisch für uns Menschen. Dauernd erfinden wir Maschinen, die schwere Arbeiten für uns erledigen. Und diese vielen Maschinen arbeiten mithilfe von Kräften … Spitz mal die Ohren – vielleicht hörst du dann schon, wie sie im nächsten Kapitel knirschen und quietschen …

Mächtige Maschinen

Eine Maschine nutzt an geeigneter Stelle eine Kraft, um einen Arbeitsvorgang zu erleichtern. Prima Idee, was? Alles, was du brauchst, sind ein paar Kraft sparende Hebel, Flaschenzüge und Zahnradgetriebe.

Kraft–Ausdrücke

> Die Mutter sitzt fest. Ich brauch mehr Drehmoment!

Sitzt die Mutter vielleicht im Rollstuhl, und die Räder klemmen im Gulli fest?

Lösung: Nein. Die Mutter ist eine Schraubenmutter, die zu festgezogen ist und sich deswegen nicht so leicht lösen lässt. Mit *Drehmoment* meint diese Physikerin die Drehwirkung ihrer Kraft, mit der sie den Schraubenschlüssel bewegt. Dabei wirkt der Schraubenschlüssel wie ein Hebel – darüber gleich mehr …

Heftige Hebel

Ein Hebel ist eine Stange, die du benutzt, um etwas nach oben zu stemmen oder hin und her zu schieben. In beiden Fällen liegt der Hebel auf einem Punkt, den man den Drehpunkt nennt. Die optimale Hebelwirkung erreicht man, indem man einen Hebel im rechten Winkel zu dem Gegenstand ansetzt, der bewegt werden soll. In jedem Fall spart man eine Menge Kraft, wenn man bei einer Arbeit Hebel benutzt – prima!

Erforsche … Wie funktioniert ein Hebel?

Du brauchst:
– dich selbst
– eine Tür

WARNUNG VOR GEFAHREN!

Weißt du, wieso man sich in einer Türangel die Finger so schlimm klemmen kann? Die Tür funktioniert wie ein Hebel – deswegen wirken erstaunlich starke Kräfte auf die Seite, wo die Türangeln sind! Pass bei diesem Experiment auf deine Finger auf!

Finger niemals hier reinstecken … Aaaah!

So gehst du vor:

1 Öffne die Tür einen Spaltbreit. Pass auf, dass niemand rein oder raus will.

2 Stell dich vor die Tür, und versuche, sie mit einem Finger aufzudrücken. Drücke dabei auf eine Stelle, die etwa zwei Zentimeter von den Angeln entfernt ist.

3 Jetzt drück auf der anderen Seite der Tür, ungefähr da, wo sich die Klinke befindet.

neben den Türangeln

in der Nähe der Klinke

Was geht leichter?

a) Beides geht gar nicht, und der Finger tut einem vom vielen Drücken weh.

b) Es ist leichter, die Tür auf der Angelseite aufzudrücken.

c) Es ist leichter, die Tür auf der Klinkenseite aufzudrücken.

135

Lösung: c) Die Tür funktioniert wie ein Hebel – mit den Türangeln als Drehpunkt. Je weiter entfernt vom Drehpunkt du Kraft einwirken lässt, desto größer ist die Wirkung. Also erreichst du auf der Klinkenseite mehr, weil dort die Entfernung zum Drehpunkt am größten ist. Hebelwirkung wird bei vielen Geräten eingesetzt, die unser Leben erleichtern: von Schreibmaschinen über Dosenöffner bis hin zu Scheren.

Schon gewusst?

Auch in deinem Körper wirken Hebel! Diese Entdeckung machte der italienische Künstler und Wissenschaftler Leonardo da Vinci (1452–1519). Er schnitt menschliche Arme und Beine auf, um herauszufinden, wie sie funktionieren. Dabei stellte er fest, dass die Muskeln auf sehr ähnliche Art und Weise an den Knochen ziehen, wie man an einem Hebel zieht, um einen Gegenstand zu bewegen. Leonardo war davon so begeistert, dass er sogar ein Arbeitsmodell aus Knochen und Draht baute, an dem er die Muskelfunktion studieren konnte.

Kleine Frage für die kleine Pause

Mit dieser physikalischen Frage kannst du deinem Lehrer in der kleinen Pause auf die Nerven gehen: Ein großes und ein kleines Kind sitzen auf der Wippe. Wenn das kleine Kind runterspringt, verletzt es sich vielleicht. Wenn das große aufsteht, haut die Wippe ihm ziemlich unangenehm zwischen die Beine, weil sie durch das Gewicht des kleinen Kindes nach oben gedrückt wird. Was sollen die beiden tun?

136

Lösung: Die Wippe funktioniert wie ein Hebel, deswegen kann sie Kinder mit Leichtigkeit nach oben heben. Das Problem ist, dass das große Kind viel schwerer ist als das kleine, auf seiner Seite wirkt daher mehr Kraft. Wenn es sich auf den Drehpunkt des Hebels zubewegen würde, würde dies die Kraft auf seiner Seite vermindern. Das größere Kind müsste also zur Mitte der Wippe rutschen, dann würde das kleinere Kind langsam nach unten sinken. Probier's mal aus!

Praktische Flaschenzüge

Eine andere Möglichkeit, Lasten (oder Kinder) zu heben, sind Flaschenzüge. Ein Flaschenzug besteht im Prinzip aus einer Rolle (die man „Flasche" nennt) und einem Seil, das über diese Rolle läuft. Wenn du an dem einen Ende ziehst, wird deine Kraft über die Rolle umgeleitet und kann einen schweren Gegenstand heben, der am anderen Ende des Seils festgebunden ist.

Flaschenzug

AAAAAAH!

Rad

Je mehr Rollen man bei einem Flaschenzug verwendet, desto weniger Kraft ist zum Heben der Last notwendig. Allerdings brauchst du für diese Arbeit dann mehr Zeit, weil deine Kraft wegen des längeren Seiles mehr Weg zurücklegen muss. Du arbeitest zwar länger, aber dafür sparst du Kraft!

Heutzutage werden Flaschenzüge bei Kränen und Aufzügen verwendet, aber erfunden worden sind sie schon vor langer Zeit – nämlich von einem genialen Griechen namens Archimedes (um 285–212 v. Chr.) …

Eine bewegende Geschichte

Archimedes hatte ein kleines Problem. Sein Schwager Hieron hatte ihn darum gebeten, ein komplettes Schiff den Strand hinunter ins Meer zu ziehen – und zwar ganz allein! In so einem Fall würde wohl jeder normale Mensch seinen Schwager fragen, ob er noch alle Tassen im Schrank hat oder nicht mehr richtig tickt – aber das konnte sich Archimedes leider nicht leisten, denn sein Schwager war dummerweise der König: nämlich Hieron II. von Syrakus. Und einem König widerspricht man nicht, selbst wenn er zur Familie gehört. Außerdem war Archimedes ein Allround-Genie und kannte sich mit solchen Dingen aus. Er hatte die Hebelgesetze erforscht und frech behauptet, mit einem Hebel könne man die ganze Welt in die Luft stemmen, wenn er nur lang genug sei. Hieron fand, dass Archimedes sich ein bisschen zu wichtig nahm – also beschloss er, ihm eine kleine Lehre zu erteilen: Er dachte sich absichtlich eine Aufgabe aus, die unmöglich zu lösen war.

Archimedes kratzte sich die Halbglatze und rechnete die ganze Nacht. Schließlich hatte er eine geniale Idee! Seine Lösung war so verblüffend originell, so unglaublich erstaunlich, wie noch keine Erfindung es je zuvor gewesen war. Er hatte eine neue Maschine erfunden!

Währenddessen zogen hunderte von Soldaten das Schiff unter Ächzen und Stöhnen den Strand hinauf. Hieron befahl ihnen, es ordentlich zu beladen, und ließ ein paar von ihnen an Deck Aufstellung nehmen.

In den nächsten Stunden baute Archimedes mit einigen Helfern seine Maschine auf. Wie sie genau aussah, ist nicht überliefert. Aber es muss eine Anordnung mehrerer Flaschenzüge mit hölzernen Stützbalken gewesen sein. Das Tau, das über die vielen Rollen lief, wurde mit dem einen Ende am Schiff befestigt. Als alles bereit war, krempelte Archimedes die Ärmel hoch und ergriff das andere Ende. Er wirkte so hager und schwächlich, dass König Hieron unwillkürlich lachen musste.

Aber das Unglaubliche geschah: Als Archimedes zog, glitt das Schiff wie von Geisterhand bewegt den Strand hinab, so sanft, als segelte es übers Wasser. Die Zuschauer glotzten mit offenen Mündern, die Soldaten an Deck waren sprachlos, und der König bekam fast einen Herzinfarkt. Kein Zweifel: Archimedes war genial!

Knirschende Getriebe

Man weiß nicht, wann und von wem das Getriebe erfunden worden ist, aber die Römer haben es bestimmt schon gekannt. Getriebe übertragen Kräfte und Bewegungen, und oft haben sie sehr merkwürdige Namen, zum Beispiel Kegelradgetriebe, Stirnradgetriebe, Schneckengetriebe oder Zahnstangengetriebe. Die meisten funktionieren nach demselben Prinzip: Ein Zahnrad treibt ein zweites Zahnrad an, wobei sie entweder direkt ineinander greifen oder über Ketten miteinander verbunden sind. Sind die Zahnräder unterschiedlich groß, dreht sich das kleinere schneller als das große.

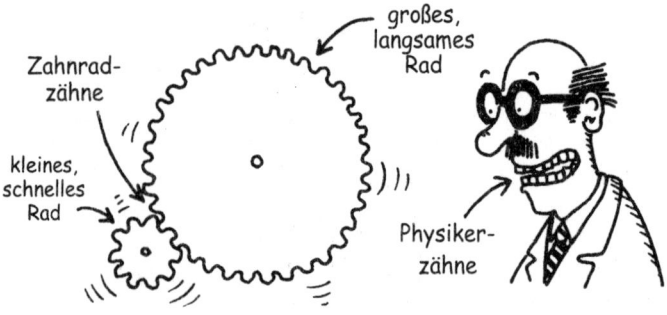

Mit einem Getriebe kann man Kraft und Geschwindigkeit verändern: Das nennt man „Übersetzung". Ein gutes Beispiel dafür ist das Getriebe deines Fahrrades. Das langsamere Kettenrad treibt ein kleineres, schnelleres Zahnrad am Hinterrad an. Daher dreht sich dein Hinterrad schneller, als du in die Pedale trittst – so kommst du besser vorwärts!

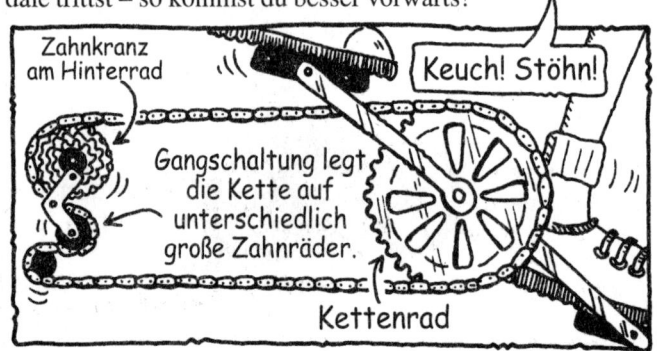

Das Fahrrad war eine so geniale Idee, dass viele Erfinder im 19. Jahrhundert damit begannen, die merkwürdigsten Apparate mit Pedalen zu entwerfen. Findest du heraus, welche der folgenden Erfindungen frei erfunden sind?

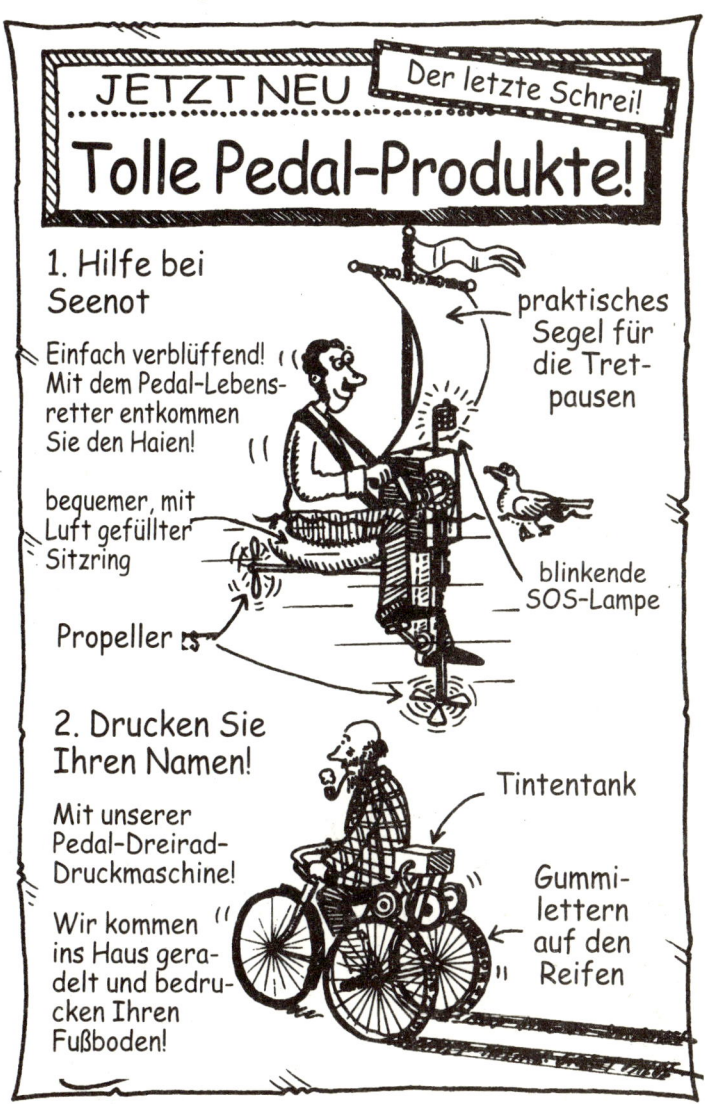

JETZT NEU Der letzte Schrei!

Tolle Pedal-Produkte!

1. Hilfe bei Seenot

Einfach verblüffend! Mit dem Pedal-Lebensretter entkommen Sie den Haien!

bequemer, mit Luft gefüllter Sitzring

Propeller

praktisches Segel für die Tretpausen

blinkende SOS-Lampe

2. Drucken Sie Ihren Namen!

Mit unserer Pedal-Dreirad-Druckmaschine!

Wir kommen ins Haus geradelt und bedrucken Ihren Fußboden!

Tintentank

Gummilettern auf den Reifen

141

3. Nehmt den Radel-Bus!

Schluss mit Motorpannen! Fahrt mit dem Radel-Bus zur Schule! Spezialpedale unter den Sitzen sind mit einer rotierenden Kurbelwelle verbunden, die den Bus antreibt. Bis zu 35 km/h!

„Unsere Schüler kommen fit und pünktlich zum Unterricht!"

P. Rügel (Rektor)

4. Erschöpft?

Ihre erfrischend kalte Pedal-Dusche bringt Entspannung!

Genießen Sie die Freuden einer Fahrradtour durch einen frischen Sommerregen!

Die moderne Methode der körperlichen Ertüchtigung! Sie fühlen sich wie neugeboren!

Radeln Sie sich sauber!

Schweiß wird abgewaschen!

Durch Ihre Tretkraft pumpen Sie das Duschwasser nach oben.

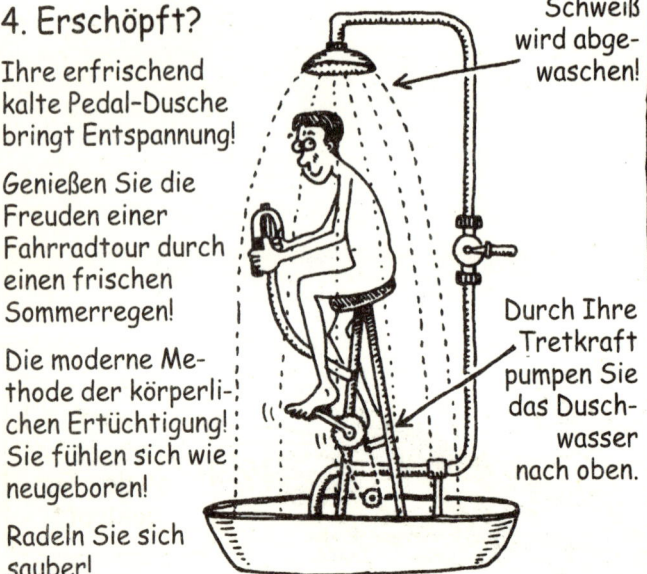

Mächtig große Maschinen

Eine komplizierte Maschine ist nichts anderes als ein Haufen
einfacher Maschinen, die miteinander verbunden werden. Kinderleicht. Du brauchst also nur mal in der Garage nachzusehen,
ob dort nicht etwas Passendes rumliegt: alte Schrauben, Flaschenzüge, Hebel, Getriebe, Räder, Achsen, Ketten, Kardan-
wellen oder Federn. Bau alles zusammen – und schon entsteht
aus mehreren kleinen Maschinen eine große! (Wenn du's richtig machst, jedenfalls.)

Von Fahrrädern und Getrieben ist es nur ein kleiner Schritt
bis zu Dampfmaschinen, Benzinmotoren, Eisenbahnen, Bussen, Autos und Flugzeugen. Überleg mal. Wenn es keine Kräfte gäbe, hätte kein Bus oder Fahrrad die Kraft, dich zur Schule
zu fahren. Kräfte existieren nun mal, und sie sind überall. Und
was ist, wenn man zu Hause bleibt und einfach nur rumgam-
melt? Man kann ja die Tür fest zumachen und den Riegel vor-
legen, denn so ein Haus, das ist doch sicher … oder etwa nicht?
Tja, leider, leider … machen Kräfte auch vor Gebäuden nicht
Halt. Das nächste Kapitel wird ziemlich instabil!

Herbert? Ich
glaub, es hat
an der Tür
geklopft!

143

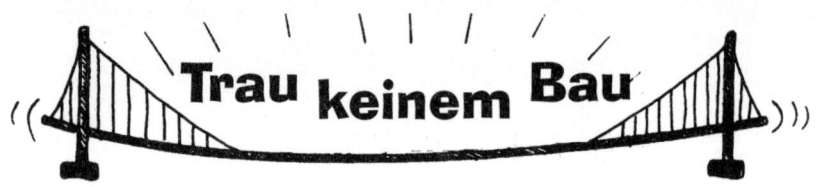

Trau keinem Bau

Sie fallen unter dem Einfluss der Schwerkraft zusammen, sie werden platt gedrückt, fortgeweht oder nur hin und her geschüttelt … Tja, menschliche Bauten sind vor Kräften auch nicht sicher.

Fehlkonstruktionen
Manche Gebäude stehen hunderte von Jahren. Andere nur hundert Tage … oder Minuten. Möchtest du ein paar Bauruinen kaufen?

TROCKENE SPORTLER!

Das Kemper-Stadion,
(erbaut 1973),
Kansas City, USA

➤ Genial konstruierte, völlig überdachte Sportarena für alle Wetterlagen. Sport ohne Regenschirm!

➤ 1976 mit Architekturpreis ausgezeichnet!

➤ Baukosten: 23,3 Millionen US-Dollar

DAS KLEINGEDRUCKTE
1979 stürzte das Dach des Kemper-Stadions nach heftigen Regenfällen ein. Offenbar floss das Wasser nicht ab, sodass die Dachkonstruktion unter dem Gewicht zusammenbrach.

AAAAH!

HILFE!

HELFT MIR!

Brücke mit Brandung!

Londoner Brücke mit 20 schmalen Pfeilern (erbaut 1176–1209), verbindet die Ufer der Themse

Da nicht das Grab ausheben!

AAAAH!

↘ Wohnhäuser und Läden!

↘ Eine Stadt auf dem Fluss. Der Erbauer der Brücke, Peter Colechurch, liegt in der Brückenkapelle begraben.

↘ Sensationelle Stromschnellen zwischen den Pfeilern!

↘ Mit Zugbrücke und Pfählen zum Aufspießen von Verräterköpfen.

Das Kleingedruckte

Die Brückenpfeiler waren zu schmal und zu dicht aneinander gebaut, sodass starke Strömungen entstanden. Eine Folge davon waren zahlreiche Bootsunfälle mit jährlich bis zu 50 Todesopfern! Der enorme Druck des fließenden Wassers war für die Brücke zu stark. In den Jahren 1281 und 1482 stürzte sie teilweise ein, worauf man sie 1832 endgültig abriss. Der Architekt Peter Colechurch hätte die Brückenbögen so entwerfen müssen, dass das Wasser genügend Platz zum Durchfließen hat. Außerdem waren die Häuser auf der Brücke viel zu schwer.

BLEIB IN SCHWUNG!

Die Tacoma-Narrows-Brücke
(erbaut 1940), Staat Washington, USA

↘ Anmutige, federleichte Hängebrücke mit Haltekabeln, die an den Pfeilern befestigt sind.

↘ Verblüffende 853 Meter Spannweite!

↘ Wiegt die Autofahrer beim Überqueren sanft im Wind.

Habt ihr die Fenster offen?

∽ Das Kleingedruckte ∽

Die Tacoma-Narrows-Brücke schaukelte so stark, dass sie den Spitznamen „Galoppierende Gertie" erhielt. Beim Überqueren wurde man regelrecht seekrank. Schließlich musste sie verstärkt werden, damit sich die Schwingung nicht auf die Pfeiler übertrug. Doch vier Monate später schwankte die Fahrbahn in einem Sturm zur Seite und brach auseinander.

Schon gewusst?

Beim Einsturz eines Gebäudes können viele Menschen sterben. Die meisten Todesopfer gibt es jedoch, wenn ein Damm bricht. Dämme müssen die unglaubliche Kraft der Wassermassen zurückhalten, die gegen ihre Wände drücken. Deswegen braucht ein Staudamm ein sehr starkes Mauerwerk. Meist sind die Mauern bogenförmig – so drückt das Wasser mehr zu den Seiten des Tales als nach vorne. Manchmal aber reicht die Kraft des Dammes nicht. 1975 brachen in der chinesischen Provinz Henan zwei Dämme, und 235 000 Menschen starben in den Fluten. Architekten müssen also eine ganze Menge über Kräfte wissen. Hier die wichtigsten Regeln …

Die sechs goldenen Architektur-Regeln

1. Regel: Mach dir klar, welche Kräfte auf dein Gebäude einwirken

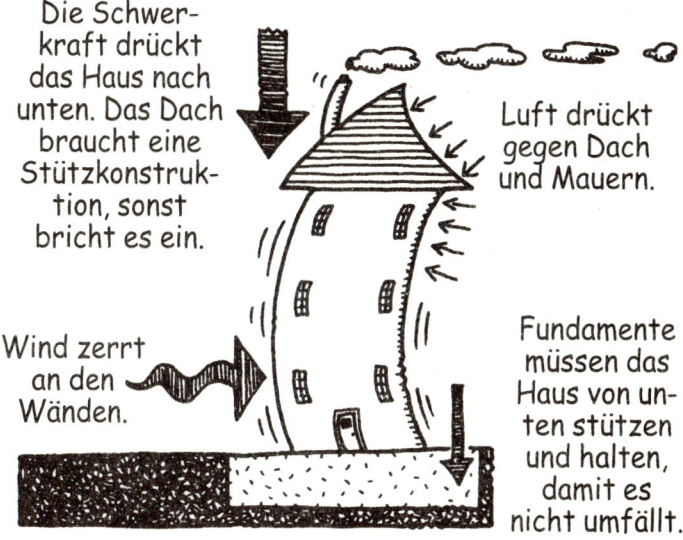

Die Schwerkraft drückt das Haus nach unten. Das Dach braucht eine Stützkonstruktion, sonst bricht es ein.

Luft drückt gegen Dach und Mauern.

Wind zerrt an den Wänden.

Fundamente müssen das Haus von unten stützen und halten, damit es nicht umfällt.

Heutzutage macht man Computersimulationen von Gebäuden, bevor sie gebaut werden, oder man baut Modelle, die im Windkanal getestet werden.

2. Regel: Entwickle einen Blick für Kräfte.

Ein guter Architekt oder Ingenieur braucht nur einen Blick auf ein Gebäude zu werfen, um dir sagen zu können, ob es stabil gebaut ist. Marc Brunel (der Vater von Isambard, dem Druckluft-Eisenbahner) sah einmal eine Brücke in Paris und sagte:

Auf diese Brücke sollte man sich lieber nicht wagen – es sei denn, man wünscht, ein Bad zu nehmen!

Drei Tage später stürzte die Brücke ein. Jawohl, der alte Brunel blieb trocken – und zweifellos hatte er auch einen ziemlich trockenen Humor!

3. Regel: Achte auf ein gutes Fundament.

Hast du schon mal ausprobiert, ein Tablett voller Gläser zu balancieren, wie ein Kellner es tut? Das wäre leichter, wenn du ein dickes Tablett mit Vertiefungen hättest, in die du die Gläser hineinstellen könntest. Genau so funktioniert ein Fundament. Wie tief es sein muss, hängt von der Höhe des Gebäudes ab.

Fundamente verhindern also, dass ein Haus umfällt, und außerdem stützen sie das Haus von unten ab, damit es sich durch sein eigenes Gewicht nicht in den Boden drückt. Denk mal an Galilei, der in Pisa auf den Schiefen Turm stieg, um die Fallgesetze zu erforschen. Warum ist dieser Turm eigentlich schief? Ganz einfach: weil sein Fundament nicht breit genug ist, um ihn zu stützen. Und weil der Boden unter ihm zu weich ist. Also lehnte sich der Turm mit der Zeit vornüber – und wurde dadurch berühmt!

4. Regel: Gib deinem Gebäude eine stabile Form.

Ein Dreieck ist in sich äußerst stabil. Deswegen haben die alten Pyramiden in Ägypten 4700 Jahre überdauert. Auch der Eiffelturm besteht aus vielen Dreiecken, und bei modernen Wolkenkratzern ist das Grundelement ihrer Stahlkonstruktion ebenfalls das Dreieck.

Herr Pharao, geht es Ihnen denn noch nicht besser? Der Verband ist jetzt schon 4000 Jahre drauf!

Auch Säulen sind sehr stabil und daher ideal, um schwere Gewichte zu tragen. Dächer zum Beispiel. Um Teile des Mauerwerks zu stützen, kann man Bögen verwenden. Wenn man Säulen und Bögen belastet, drücken sie mit derselben Kraft zurück – stimmt, das ist wieder mal Newtons drittes Gesetz!

Eine Kuppel ist ebenfalls sehr stabil und hält einiges an Gewicht aus. Das gilt auch für kleinere Kuppeln, wie zum Beispiel Eier! Ein Ei kann man immerhin mit 22,7 Kilo belasten, ohne dass es zerspringt. (Ach, übrigens: Die meisten Lehrer wiegen mehr als 22,7 Kilo!)

Lehrerin, die eindeutig mehr als 22,7 Kilo wiegt.

KNACK!

5. Regel: Sorg dafür, dass die Wände nicht zusammenbrechen. Wenn du ein hohes Gebäude entwirfst, dann willst du die Mauern vielleicht so dick machen wie bei einer alten Kirche oder einer Burg. Aber du möchtest lieber größere Fenster haben, obwohl die Mauern dann nicht mehr so stabil sind. Sie würden sich nach außen wölben – es sei denn, du benutzt Stützpfeiler.

Katastrophen passieren trotzdem immer wieder. 1989 stürzte in Italien der Stadtturm von Pavia (erbaut 1060) ein. Der Mörtel, der die Steine zusammenhielt, hatte sich mit der Zeit zersetzt. Die Ursache, so vermutete man, waren die Druckwellen, die von den Glocken oben im Turm kamen – das jahrelange Läuten hatte das Mauerwerk zu stark erschüttert. Wenn dir Steine zu unsicher sind, könntest du für dein hohes Gebäude auch erst mal einen Rahmen aus Stahlbalken bauen und dann die Wände aus einem leichteren Material. Dadurch wären die Wände sehr viel stabiler – allerdings könnte dein Haus bei Sturm ein bisschen hin und her schwanken.

6. Regel: Such dir die richtige Form für dein Dach aus.

Ein gebogenes Dach ist viel stabiler als eins mit geraden Flächen. Schräge oder flache Dächer mit geraden Flächen lassen sich also viel leichter eindrücken als ein Bogendach. Hol dir mal ein Blatt Papier, und probiere es selber aus …

Wenn du es so hältst, ist es schlaff.

Aber wenn du es so hältst, ist es fest!

Holterdiepolter

Schwingungen können ganz schön zerstörerisch wirken. Hast du schon einmal darauf geachtet, wie stark eine Waschmaschine wackelt, die gerade am Schleudern ist? Leg mal einen Finger auf die Maschine, dann spürst du, wie die Schwingungen dir den Arm hinaufkriechen. Das ist ja noch ganz nett – aber Vorsicht: Schwingungen können auch anders!

Wasch-Warnung für Väter: Lieber ohne Krawatte!

Kraft-Ausdrücke

Hat sie eine falsche Bewegung gemacht?
Ist ihr Nackenwirbel verrenkt?

Nein, ihr Auto klappert und wackelt, weil es ein etwas älteres
Modell mit ziemlich schlechten Stoßdämpfern ist. Oszillieren-
de Bewegungen sind Schwingungen, also Bewegungen oder
Erschütterungen, die sich in regelmäßigen Abständen wieder-
holen. Dagegen hilft nur dämpfen. (Aber natürlich nicht mit ei-
nem Dampfkochtopf, sondern vielleicht lieber mit Stoßdämp-
fern!) Schwingungen werden gedämpft, indem man weiche
Materialien benutzt, die den Stoß abfangen. In gut gepolsterten
Turnschuhen kannst du bestimmt besser laufen, als in alten
Gummilatschen.

Erschütternde Folgen von Erschütterungen

Die Auswirkungen von Schwingungen auf Gebäude oder
Brücken können fatal sein. Im Jahre 1850 marschierten in der
nordafrikanischen Stadt Algier 487 Soldaten im Gleichschritt
über eine Hängebrücke. Ihre Stiefel donnerten im regelmäßigen Takt über die Straße. Dadurch begann die Brücke so stark
hin und her zu schwanken, dass sie anfing zu bröckeln und
schließlich einstürzte. 226 Soldaten kamen bei diesem tragi-
schen Unfall ums Leben. Um solche tödlichen Schwingungen
zu vermeiden, marschiert man seither auf Brücken nicht mehr
im Gleichschritt.

Die gewaltigsten Erschütterungen produziert allerdings nicht der Mensch, sondern die Erde: Jahr für Jahr ereignen sich hunderte von Erdbeben, die oft viele Todesopfer fordern. Durch Bewegungen riesiger Gesteinsplatten tief unter der Erdoberfläche entstehen ungeheure Druckwellen, die ganze Städte zerstören können. Der Grund dafür ist, dass die Wände der Gebäude durch solche Erschütterungen so stark zu schwingen beginnen, dass sie einstürzen … Man fängt schon an zu zittern, wenn man nur dran denkt …

Teste selbst … Wie stark zitterst du?
Du brauchst:

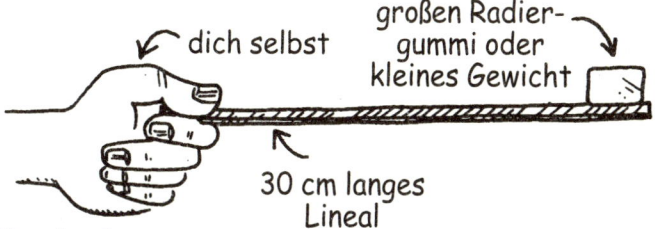

groß en Radier-
gummi oder
kleines Gewicht

dich selbst

30 cm langes
Lineal

So gehst du vor:
1 Leg den Radiergummi auf das eine Ende des Lineals.
2 Halt das Lineal am anderen Ende zwischen Daumen und Zeigefinger.
3 Streck den Arm aus, und halte das Lineal waagerecht von dir weg.

Was stellst du fest?
a) Nichts. Ich habe das Lineal zehn Minuten gehalten und keinen Millimeter gewackelt.
b) Nach ein paar Sekunden begann das Lineal zu wackeln und mein Arm zu zittern.
c) Ich habe das Gleichgewicht verloren und bin vornübergekippt.

Mit Kraft geschafft!

Kräfte haben also einen ziemlich starken Einfluss auf Gebäude … Dann kann man sie ja auch dazu nutzen, ein altes, nutzlo-
ses Gemäuer abzureißen – eine Schule zum Beispiel! Fangen
wir also gleich damit an. Stell dir vor, deine Schule ist stark ein-
sturzgefährdet. Das jahrelange Getrappel von hunderten von
Füßen hat Erschütterungen erzeugt, die dem alten Kasten arg
zugesetzt haben. Also muss er weg. Wie stellst du es am besten
an?

1 Sorg zuerst dafür, dass die Schule leer ist. Wirf die Schüler
raus, und sieh nach, ob in dunklen Ecken nicht irgendwo noch
Lehrer lauern. Du willst ja nicht, dass ihnen die Decke auf den
Kopf fällt … oder etwa doch?

2 Schlag die Mauern mit einer schweren Metallkugel ein –
„Abrissbirne" nennt man so etwas. Die Kugel überträgt ihren
Impuls auf das Mauerwerk, wenn sie dagegen knallt. Der Mörtel zwischen den Steinen bricht, und die Wand stürzt zusammen.

3 Wenn du keine Abrissbirne findest, musst du wohl oder übel einen Vorschlaghammer nehmen. Der Effekt ist derselbe, es dauert nur etwas länger und ist ein bisschen anstrengender.

4 Manche Gebäude haben Balken aus Spannbeton. In ihnen verlaufen in Röhren Kabel, die festgezurrt werden – dadurch sind die Balken stabiler. Man kann sie also stärker belasten … das heißt: Man *muss* es sogar! Ohne das Gewicht von oben wird die Spannung der Kabel in den tragenden Balken nämlich viel zu stark. Wenn du bei einem solchen Gebäude die oberen Stockwerke zuerst einschlägst, biegen die Balken sich nach oben durch, die Kabel machen PING! – und dann stürzt alles in sich zusammen! Vorsicht also bei Spannbeton!

Alternativ könntest du noch diese beiden Abrissmethoden ausprobieren:

Methode 1: Dynamit

Hast du's eilig? Wenn die Schule noch vor der Physikarbeit am Montag weg soll, kannst du sie sprengen. Spare Dynamit und lass die Kräfte für dich arbeiten! Leg die Sprengkörper in die Nähe der tragenden Balken, den Rest besorgt die Schwerkraft!

Methode 2: Karate

Du kannst es auch mit Karate probieren! Karateschläge sind kraftvoll genug, um Ziegel zu zertrümmern. 1994 schlugen 15 Karate-Könner in Kanada ein ganzes Haus mit sieben Zimmern kurz und klein – kraft ihrer Hände und Füße!

Mögen die Kräfte mit dir sein!

Kräfte existierten schon lange, bevor wir Menschen auf der Erde auftauchten. Und auch wenn wir versuchen, sie zu beherrschen – wirklich kontrollieren können wir sie nicht. Wir können nur mehr oder weniger gut versuchen vorauszusagen, wie sie sich auf neue Gebäude oder Autos auswirken. Zum Glück sind wirklich große Irrtümer selten …

Doch die Physiker gewinnen immer neue Erkenntnisse. Bevor Galilei und Newton mit ihren Forschungen begannen, wusste kein Mensch etwas darüber, wie Kräfte funktionieren. Heutzutage wissen wir schon eine ganze Menge. Und weil Kräfte so viele Dinge und Erscheinungen beeinflussen, spielen sie in allen Naturwissenschaften ein wichtige Rolle.

Man versucht zum Beispiel herauszufinden, welche Kräfte ein Atom zusammenhalten. (Atome sind die kleinsten Teile eines chemischen Stoffs.) In Teilchenbeschleunigern lässt man sie aufeinander prallen und untersucht die Trümmer dann nach Spuren. Als Naturwissenschaftler muss man sich also auch mit winzigsten Splittern winzigster Teilchen befassen!

Über Kräfte muss man natürlich auch Bescheid wissen, wenn man sich mit der Raumfahrt beschäftigt. Wenn du eine kleine Reise durch unser Sonnensystem planst, musst du wissen, wie stark dein Raumfahrzeug durch die Schwerkraft eines Planeten angezogen wird. Und ob dich die Zentrifugalkraft nicht in die Tiefen des Weltalls hinausschleudert, wenn du an ihm vorbeisaust. Dazu brauchst du einen guten Computer mit der entsprechenden Software.

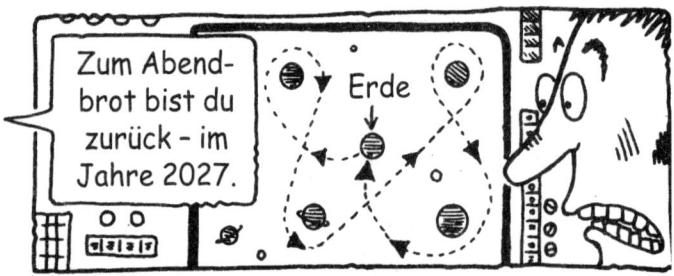

Andere Physiker versuchen zu erforschen, wie die Schwerkraft genau funktioniert. Spielen vielleicht winzigste Teilchen eine Rolle, die kleiner als Atome sind und „Gravitone" genannt werden? Und falls es gelingt, diese Frage zu klären: Könnte man die Schwerkraft dann überwinden und Flugzeuge bauen, die schwerelos durch die Luft schweben?

Auch wenn wir dieses Rätsel vielleicht nicht lösen – etwas Neues zu entdecken gibt es immer. Zum Beispiel verrückte neue Sportarten wie das Skysurfen: Man schnallt sich auf ein Surfbrett und springt aus einem Flugzeug. Nach ein paar akrobatischen Kunststücken in der Luft öffnet sich dann ein rettender Fallschirm – jedenfalls im Ideal-Fall …

Aber eins ist sicher: Der Mensch wird immer wieder versuchen, die Grenzen der Kräfte zu überschreiten, und Wissenschaftler werden die Gesetze der Kräfte noch genauer erforschen. Denn die Neugierde des Menschen ist auf jeden Fall grenzenlos, ganz besonders dann, wenn ihm Grenzen gesetzt werden – zum Beispiel durch eine Kraft! Dann versucht er, dieses Problem kraft seiner Hirnkraft nach besten Kräften zu lösen. Dann forscht und experimentiert er und häuft Unmengen an Wissen an (ein WahnsinnsWissen!) – nur um diese störende Kraft am Ende vielleicht doch noch zu überlisten ...

Register